児童福祉・保育の法と権利保障

伊藤周平 著

信 山 社

目　次

略語一覧

1 法令等

介保	介護保険法
憲法	日本国憲法
健保	健康保険法
行訴	行政事件訴訟法
行手	行政手続法
子育て支援	子ども・子育て支援法
児福	児童福祉法
社福	社会福祉法
生保	生活保護法
地自	地方自治法
認定こども園	就学前の子どもに対する教育，保育等の総合的な提供の推進に関する法律
老福	老人福祉法

2 文献

磯谷ほか	磯谷文明・町野朔・水野紀子編集代表『実務コンメンタール 児童福祉法・児童虐待防止法』（有斐閣，2020年）
伊藤・介護保険法	伊藤周平『介護保険法と権利保障』（法律文化社，2008年）
伊藤・子育て支援法	伊藤周平『子ども・子育て支援法と社会保障・税一体改革』（山吹書店，2012年）
伊藤・消費税	伊藤周平『消費税増税と社会保障改革』（ちくま新書，2020年）
伊藤・岐路に立つ	伊藤周平『岐路に立つ日本の社会保障――ポスト・コロナに向けての法と政策』（日本評論社，2022年）
伊藤・医療	伊藤周平『医療・公衆衛生の法と権利保障』（自治体研究社，2023年）
加藤ほか	加藤智章・菊池馨実・倉田聡・前田雅子『社会保障法〔第8版〕』（有斐閣，2023年）
桑原ほか	桑原洋子・田村和之編『実務注釈・児童福祉法』（信山社，1998年）
塩野・行政法Ⅰ	塩野宏『行政法Ⅰ〔第6版〕行政法総論』（有斐閣，2015年）
塩野・行政法Ⅱ	塩野宏『行政法Ⅱ〔第6版〕行政救済法』（有斐閣，2019年）

児童福祉法規研究会	児童福祉法規研究会編『新・児童福祉法，母子及び寡婦福祉法，母子保健法の解説』（時事通信社，1999年）
田村ほか	田村和之・伊藤周平・木下秀雄・保育研究所『待機児童ゼロ——保育利用の権利』（信山社，2018年）

3 判例等

〔**判決**〕

最判＝最高裁判所小法廷判決
最大判＝最高裁判所大法廷判決
東京高判＝東京高等裁判所判決
横浜地判＝横浜地方裁判所判決
東京地立川支判＝東京地方裁判所立川支部判決

〔**決定**〕

名古屋高決＝名古屋高等裁判所決定
神戸地決＝神戸地方裁判所決定
松江地益田支決＝松江地方裁判所益田支部決定

〔**判例集・判例収録雑誌**〕

民集＝最高裁判所民事判例集
行裁＝行政裁判判例集
行集＝最高裁判所行政判例集
家月＝家庭裁判所月報
訴月＝訴務月報
判時＝判例時報
判タ＝判例タイムズ
判例自治＝判例地方自治
賃社＝賃金と社会保障
保情＝月刊保育情報

児童福祉・保育の法と権利保障

序章　児童福祉・保育の法と権利保障の現状──子どもの権利は保障されているのか

1 改正子ども・子育て支援法の成立と児童福祉・保育の大転換

2024年6月5日，児童福祉・保育制度の財源の一部を社会保険料で賄うという，日本の児童福祉・保育を大きく転換させる改正子ども・子育て支援法が成立した。

改正子ども・子育て支援法の成立に至る端緒は，岸田前政権の「異次元の少子化対策」であった。2022年の出生数が，約77万人と80万人を切り（2023年はさらに減少し，72.7万人と過去最低を更新，1人の女性が生涯に産む子どもの推計人数を示す合計特殊出生率も，1.20と過去最低となった），少子化対策が焦眉の政策課題となる中，2023年6月，政府は「異次元の少子化対策」と称し，2030年代に入るまでの6～7年を「少子化傾向を反転できるかどうかのラストチャンス」と位置づけ，「こども・子育て支援加速化プラン」（以下「加速化プラン」という）を策定，2028年度までの期間を設定，2024年度から26年度までの3年間を「集中取組期間」とし，児童手当の拡充などの施策を打ち出した。しかし，これら支援策に必要な財源（年間3.6兆円とされる）の確保を巡って迷走が続いた。

財源確保をめぐる迷走の背景には，新型コロナ対策として，巨額の財政支出が行われてきたこと（その大半は国債で賄われた），そして，政府の防衛費（軍備費）大幅増の方針が大きく影響していた。後者についてみると，2022年12月，いわゆる安保関連3文書（国家安全保障戦略，国家防衛戦略，防衛力整備計画）が閣議決定され，2027年度までの5年間で防衛費をGDP（国内総生産）比2%水準，約43兆円まで増額し，5兆円で敵基地攻撃能力を備えるとの決定がなされた。安保関連3文書自体，敵基地先制攻撃を容認するなど，これまでの「専守防衛」原則を大きく崩す内容となっており，日本の外交・防衛政策の大転換といってよい（敵基地先制攻撃能力の整備自体が，憲法9条1項の禁止する「武力による威嚇」に該当し違憲の疑いがある）。そのうえで，岸田首相（当時）は，防衛費の財源について1兆円強を増税で賄うことを表明したが，世論調査では，防衛費増のための増税には6割以上の国民が反対，大きな反発を招いた。さらに，自民党内の派閥（とくに安倍派）の政治資金パーティーをめぐる裏金疑惑が発覚，内閣支持率も自民党の支持率も，2012年の自民党の政権復帰以来，最低を記録するなかで，とても増税を打ち出せる状況になく，防衛増税の時期も，2度にわたり延期，2026年度へと先送りされた。

2023年12月には，「こども未来戦略～次元の異なる少子化対策の実現に向けて～」が閣議決定され，必要な財源のうち1兆円程度を，2026年度から医療保険料に上乗せして徴収する「子ども・子育て支援金」を創設して賄い，残りは社会保障の歳出削減（1.1兆円程度）と既定予算の活用（1.5兆円程度）で賄うとされた。「加速化プラン」が終了する2028年度までに，不足する財源については「子ども・子育て支援特例公債」（つなぎ国債）を発行する。施策の本格実施は2026年度からで，2024年度は，児童手当の拡充にとどまり，必要な財源は8000億円程度とまだ少なく，つなぎ国債の発行は，同年度で2219億円になる。政府は，社会保障の歳出削減を実施することで，新たな子育て支援金を創設したことによる社会保険料の負担増（追加負担）は生じないと説明していたが，社会保障の歳出削減分は，高齢化の進展による今後の社会保険料の引き上げ見込み分の抑制にすぎず，現在と比べ個々人の社会保険料負担が増えることは不可避で，政府の説明は詭弁の域を免れない。

そして，「こども未来戦略」にもとづいて，2024年2月，「子ども・子育て支援法等の一部を改正する法律案」が国会に提出され，前述のように，同年6月に成立した。同改正では，子ども・子育て支援金（保険料）を財源とし，月一定時間までの利用可能枠の中で，就労要件を問わず時間単位等で利用できる「こども誰でも通園制度」も創設される（2026年度から）。このほか，児童手当の拡充（所得制限の廃止と高校生への対象拡大，多子世帯への給付倍増），児童扶養手当の第3子以降加算額の引き上げ，妊婦期の負担軽減のための妊婦のための支援給付，妊婦等包括相談支援事業の創設，育児時に短時間勤務に移行した場合に支給する育児時短就業給付の創設，両親がともに育児休業を取得した場合に支給する出生後休業支援給付の創設（育児休業給付率の引き上げ），国民年金の第1号被保険者が1歳未満の子どもを養育する期間の保険料免除といった施策も実施される。

2 子どもをめぐる現状と社会保障の役割

(1) 広がる貧困と生活不安

一方，2020年2月以降の新型コロナウイルス感染症（COVID-19）のパンデミックは，国民の生活に甚大な影響を及ぼし，医療など日本の社会保障の制度的脆弱さを浮き彫りにした。

感染拡大の波は3年以上にわたり繰り返され，感染拡大地域では，入院できる病床の不足で，多くの感染者が入院できず自宅療養を余儀なくされ，ほとんど「自宅放置」となり，自宅療養中や入院調整中に重症化し死亡する人が続出した。本来であれば救える命が救えない「医療崩壊」が生じた[(1)]。児童福祉・保育の現場への影響は甚大で，子どもの育ちや発達保障の権利が大きく阻害される事態が生じた（第1章3参照）。

コロナ禍の長期化と40年ぶりの記録的な物価高により，多くの国民は生活苦と生存の危機にさらされた。東京都内で「もやい」と「新宿ごはんプラス」といった支援団体が毎週土曜日に行っている食料配布には，2022年後半から，毎回600人を超える人が食料受け取りに並び，2024年4月には，過去最多の800人が行列を作った。行列を作っているのは，女性（子連れの女性も含む）や若者が多くなっている。NPO法人キッズドアの調査（2024年6月）では，年収300万円未満の家庭は，子どもの健康を維持するための食事も十分にとれていない実態が明らかになっている。子どもを含めた多くの人が貧困状態にあり，日々の食事にも事欠いているのである。

また，コロナ禍で，「ステイホーム」が求められ，家庭に親子がとどま

(1)　この点については，伊藤・医療9-10頁参照。

る時間が増えたこともあり，女性や子どもに対する暴力（ドメスティックバイオレンス・以下「DV」という）・虐待が急増した。DVの相談件数は，2020年度は，約19万件と過去最多だった2019年度の6割増となり，児童相談所が相談を受け，指導や措置等を行った児童虐待の相談対応件数も，2022年度には21万9170件（対前年比1万1510件増）と過去最高を更新し続けている（こども家庭庁発表）。なかでも，2020年度は，児童相談所への相談経路で，警察などからの通告が10万3625件（50.5%）と最も多くなり（2022年度も，11万2965件と増加している），新型コロナの感染拡大で休校や休園が相次いだ学校や保育所・幼稚園，それに自治体の福祉事務所や医療機関からの通告は減少した。警察からの通告は，命にかかわる深刻な事例が多く，コロナ禍の影響で，専門機関や地域などで子どもを見守る環境や機会が減り，虐待の発見が遅れ，早期対応が困難になったことがうかがえる[(2)]。

家で暴力や虐待を受けている子どもたちにとっては，「ステイホーム」といわれても，家庭が安全・安心な場所とはいいがたく，危険な場所ですらある。行政の助けが届かず，虐待を受ける環境から逃れられないままの子どもたちが多数いるし，コロナ禍は，社会的つながりを断ち切ることで，そうした境遇にある子どもたちや子育てに悩む保護者の孤立化を深めてしまったといえよう。

かくして，コロナ禍前の2019年までは減少傾向にあった自殺者数が，2020年には増加に転じ，2万1081人となった（前年比912人，4.5%増）。とくに女性の自殺が前年比15.4%増と急増し（警察庁・厚生労働省調べ。以下同じ），日本は，先進国の中でも自殺者が多い国となっている。2022年の自殺者数（確定値）は2万1881人で，男女とも前年より増加，なかでも，小中高生の自殺者数が514人にのぼり過去最多を記録した。原因は，学業不振など学校問題が最も多くなっている。2023年の自殺者数（確定値）は2万1837人で，前年より44人減少したものの，小中高生の自殺者

(2) 浅井春夫「コロナ禍で社会の周辺にはじかれる子どもたち——子どもの貧困と虐待の現実」住民と自治711号（2022年）17頁参照。

数は，513人と高止まりが続いている。

(2) 社会保障の基本は公的責任

日本国憲法25条は，国民の「健康で文化的な最低限度の生活を営む権利」（「生存権」といわれる）を明記し（25条1項），生存権を保障する義務を国（自治体も含む）に課している（同条2項）。私たちは，病気で働けなくなったり，障害を負ったり，突然，会社が倒産して仕事を失ったりと，個人の努力ではどうしようもない場面にしばしば遭遇する。そうした場合でも，健康で文化的な最低限度の生活が維持できるように，国（自治体も含む）の責任で，生存権を保障する仕組みが「社会保障」といわれるものである[3]。現代社会では，自分の力や家族や地域での支えあいではどうにもならないことが多いからこそ，社会保障の仕組みが必要なのであり，そのことが憲法に明記されているともいえる。

だとすると，民間の医療機関の献身的な努力や支援団体の善意の活動に頼るのではなく，国・自治体が，私たちの支払う税金を使って，臨時のコロナ専用の医療施設を設置するなど医療提供体制を整備し，日々の食事に事欠く子どもや生活困窮者へ必要な支援を行うために，子ども食堂・大人食堂（フードバンク）を創設し，社会保障の仕組みを整える責任（「公的責任」といわれる）があるはずである。

(3) 生存権保障と子どもの権利

生存権のうちでも，生きる権利，すなわち生命に関する権利（生命権）は，最も重要な究極の人権といっていい。その意味で，国や自治体には，「生存権」が脅かされ，生命の危機にたたされている貧困にあえぐ子どもたち，家庭内で虐待を受けている子どもや女性，さらには自殺に追い込まれそうな小中高生の命と暮らしを守る義務がある。

子どもの生命権という点でみれば，とくに，児童虐待の増加は深刻で，社会問題化しており，児童虐待によって命を落とす子どもたちはあとを絶

(3) 「社会保障」の定義については，伊藤周平『社会保障法――権利としての社会保障の再構築に向けて』（自治体研究社，2021年）22-23頁参照。

たず，子どもの人権，生命権が脅かされているといえる。毎年，厚生労働省社会保障審議会（2023年度からはこども家庭庁こども家庭審議会）が収集・分析を行っている児童虐待による死亡事例（虐待死）のデータ（2023年に出された第19次報告）によると，虐待による死亡事例は，2003年から2021年までの18年間で合計989人（心中は除く），そのうち1歳未満が479人で，全体の48.4％を占めている。しかも，生後1日未満（いわゆる「0日児」）の殺害が176件（17.8％）にのぼる。0日児殺害の加害者は88.8％が実母であり，176件のうち医療機関の出産は皆無である。望まない妊娠で，相手の男性や自分の親などが出産に否定的でサポートが期待できず，孤立出産に追い込まれている現状がその背景にある。現在の法制度が，分娩の事実によって母を親と認定する「分娩主義」に基づいており，それが父の無責任を容認し，母にのみに出生と養育の責任を課す不平等を生みだしているといえる[4]。国（政府）は，少子化対策を叫ぶが，孤立出産に追い込まれる女性たちへの支援はなきに等しい。

2024年の元日に発生した能登半島地震でも，被災者は，厳冬の中，体育館や公民館の床に寝させられ，長期間にわたって仕切りもない非難生活を強いられた。避難所では，換気が不十分で，水不足もあり，感染症が拡大し，高齢者を中心に「災害関連死」が多発した（災害関連死と認定された人は，2024年8月時点で110人にのぼり，直接死とあわせた死者数は合計で339人となり，2016年の熊本地震の死者数276人を超えた）。障害のある子どもは，環境の変化でパニックになるため，避難所には入れず，断水が続く自宅などで親とともに不自由な避難生活を強いられている。被災地での福祉避難所の開設は，支援する職員の人手不足（もともとの人手不足に加え，多くの職員が被災した！）や予定していた避難所自体の破損などの理由で，想定の2割程度にとどまる。こうした状況は「災害や紛争の被災者には尊厳ある生活を営む権利があり，援助を受ける権利がある」という「スフィア基準」に反する人権侵害状況といってよい。飢餓や空爆死の危機にさら

(4)　広井多鶴子「孤立出産に追い込まれる女性たち――なぜ母親への懲罰化が進んだのか？」月刊保団連1419号（2024年）8-9頁参照。

されているパレスチナのガザ地区での人々（とくに子どもたち）の人権侵害状況と同様である。2024年4月に発生した台湾地震では，被災直後から，避難所で仕切りのある空間が設置され，温かい食料が提供されていたことと比較してみれば，被災者（とくに障害のある子どもなど支援を必要とする子ども）への国や自治体の支援の不十分さは際立っている。

本書では，以上のような状況を踏まえ，主として，子どもの権利保障の観点から，児童福祉・保育の法を読み解き，その課題を探る。その前提として，子どもの権利，さらに保護者の権利の具体的内容について，条約や児童福祉法等の規定を参考に整理しておく。

3 子どもの権利と保護者の権利，子どもを産み育てる権利

(1) 子どもの権利条約と子どもの権利

子どもの権利については，日本政府は，子どもを権利主体としてとらえる「国連子どもの権利条約」(政府文書では「児童の権利条約」と訳されているが，本書では，引用の場合を除き，「子どもの権利条約」という）を批准(1994年）している。同条約を批准した締約国は，批准後2年以内に本条約の実施状況に関する初回報告を，その後は5年ごとに定期報告を国連に提出し，権利条約の実施機関である国連子どもの権利委員会の審査を受けることになっており，日本政府は，すでに数回の報告審査を受けている。

子どもの権利条約は，子どもの「生命への固有の権利」と「生存と発達の確保」(6条）を規定している。この子どもの生命，生存および発達に関する権利の規定は，差別禁止（2条)，子どもの最善の利益原則（3条)，子どもの意見表明権（12条）とともに，条約の4原則とされ，条約の各条項を実施するにあたって常に参照されなければならない一般原則として位置付けられている[(5)]。

子どもの最善の利益原則を定めた3条では，「子どもに対してその福祉に必要な保護およびケア」を確保する国の義務を規定し（同条2項)，子

(5)　喜多明人・森田明美・広沢明・荒牧重人編『〔逐条解説〕子どもの権利条約』(日本評論社，2009年）81頁（澤良世執筆）参照。

どものための機関・サービス・設備が権限のある機関により設定された基準の遵守を確保するよう締結国に求めている（同条3項）。以上のことから，子どもの権利条約は，締結国の責任・義務として，子どもの人間としての成長発達に必要とされるサービスを国が現物として給付しなければならず，現物給付のための施設・設備及び人員に関する全国的基準を設定し，それを実施するのに十分な貨幣を税として徴収し，配分することを求めていると解される(6)。

また，締結国は，働く親をもつ子どもが，受ける資格のある保育サービスおよび保育施設から利益を受ける権利を有することを確保するためにあらゆる適当な措置をとるべきことを規定しており（18条3項），国（自治体も含む）による保育を必要とする子どもの保育を受ける権利（保育利用の権利）の保障を規定しているといえる（第2章1参照）。

⑵ 児童福祉法と子どもの権利

ついで，1947年に，児童福祉法に規定されている児童（児童福祉法上の引用等の場合を除き，以下「子ども」という）の権利について概観する。

児童福祉法は，戦後の社会福祉立法の先駆けとして制定され，「憲法25条の生存権の理念を児童について具体化するために制定された児童の福祉に関する総合的基本法」(7)と解されている。同法は，これまで何度も改正が行われてきたが，同法第1章（総則）の節には属さない児童福祉の理念を定めた規定（1条～3条）は，改正されてこなかったが，2016年の改正で，大幅な改正が加えられた。すなわち，従来は1条に2つの項があったが，これが1項にまとめられ，「全て児童は，児童の権利に関する条約の精神にのつとり，適切に養育されること，その生活を保障されること，愛され，保護されること，その心身の健やかな成長及び発達並びにその自立が図られることその他の福祉を等しく保障される権利を有する」と規定された。子どもの権利条約の批准（1994年）から20年以上経てようやく，

---

(6)　世取山洋介「子どもの権利条約の日本での35年余」教育877号（2019年）12頁参照。

(7)　桑原ほか31頁（桑原洋子執筆）。

「児童の権利に関する条約の精神にのつとり」の文言が入り，子どもが権利主体であることが明記された。ただし，「福祉の権利」ではなく「福祉を等しく保障される権利」となっており，子どもが能動的な権利行使の主体とまではされていない点で課題が残る。

2条では，1項に子どもの権利条約に沿って，児童の意見の尊重と最善の利益の優先考慮が盛り込まれ，2項に「児童の保護者は，児童を心身ともに健やかに育成することについて第一義的責任を負う」という条文が加えられた。改正前の児童福祉は「国及び地方公共団体は，児童の保護者とともに，児童を心身ともに健やかに育成する責任を負う」と規定しており，国・地方公共団体は保護者と同等に，児童の健全育成の責任を負うと解されてきた(8)。これに対して，2016年改正では，保護者が，児童の健全育成責任を第一義的に負うと明記され，国および地方公共団体は，保護者がこれを果たしえない場合にそれを援助する責任を負うという趣旨の規定になっている。自民党が野党時代に公表した「日本国憲法改正草案」(2012年4月）の24条1項では「家族は互いに助け合わなければならない」とされており，新2項の追加は，自民党政権の家族の尊重・相互助け合い責任の強調と通じるところがあり(9)，同条項の過度の強調による親の責任の強化と公的責任（とくに国の責任）の後退が懸念される。2016年改正では，第1節として「国及び地方公共団体の責務」が設けられており，国・地方公共団体の責務が細かく規定され，市町村は基礎的な地方公共団体として「保育の実施」その他児童の福祉に関する支援に係る業務を行うとされたものの，国の責務は体制の確保など後方的支援に退いてしまっている（児福3条の3)。

一方で，児童福祉法3条の規定は改正されておらず，1条，2条に規定する児童福祉の理念（原理）は「すべて児童に関する法令の施行にあたつて，常に尊重されなければならない」としている。これは，児童福祉法1条・2条が児童福祉法の上位規定であること，他の児童に関するすべての

(8)　桑原ほか38頁（桑原洋子執筆）参照。

(9)　同様の指摘に，田村和之「児童福祉法2条2項の新設への懸念──児童福祉法2016年5月改正」月刊保育情報479号（2016年）8頁参照。

法令に対する上位規定であることを明らかにしたものである。後者は，児童に関する法律のみならず「施行令，施行規則の制定の場合はもちろん，それらの法令にもとづく処分」も含むとされる[10]。そのため，たとえば，子どもの健全育成についての国・地方公共団体（自治体）の責任を放棄（もしくは大幅に縮小）するような法改正は，基本的に許されないと解される。

⑶ こども基本法と子どもの権利

2022年には，こども家庭庁設置法とともに，自民党・公明党の議員立法で，こども基本法が成立している（第1章5参照）。こども基本法は「こども」を「心身の発達の過程にある者」と定義し（2条1項。こども家庭庁設置法の「こども」の定義と同じである），「日本国憲法及び児童の権利に関する条約の精神にのっとり，次代の社会を担う全てのこどもが，…心身の状況，置かれている環境等にかかわらず，その権利の擁護が図られ，将来にわたって幸福な生活を送ることできる社会の実現を目指して，…こども施策を総合的に推進すること」を目的とし，こども施策の基本理念やその推進体制を定めた法律である。

同法3条は，こども施策の基本理念として，①子どもの個人としての尊重と基本的人権の保障，差別的取り扱いの禁止，②福祉にかかる権利の保障，教育を受ける機会の保障，③意見表明の機会と多様な社会的活動への参画の機会の確保，④意見の尊重，その最善の利益の優先的考慮が掲げられている（同条1号～4号）。これらは，先の子どもの権利条約の基本理念を再確認したものであり，目新しさはない。

むしろ「こどもの養育については，家庭を基本として行われ，父母その他の保護者が第一義的責任を有する」（3条5号）との規定があり，同法には，国・自治体の公的責任による子どもの権利保障という観点が希薄である。子どもの権利保障という課題を考えると，子どもの権利に特化した子どもの権利基本法の制定が必要と考える。

---

(10) 松崎芳伸『児童福祉法』（日本社会事業協会，1948年）53頁参照。

(4)　保護者の権利，そして子どもを産み育てる権利

保護者の権利については，とくに費用面での保育料負担などの免除権が重要である。

社会保障法における負担形式は，受給者の所得などを基準に費用負担を決定する応能負担の方式と，受給者が得る財・サービスの量を基準に負担額を決定する応益負担の方式がある。憲法からは法原則として，応能負担原則が抽出されるとされており[(11)]，とくに憲法25条を基本理念とする社会保障分野における費用負担は，応能負担が基本となる。

福祉サービスの利用者は，日常生活において保育や支援を必要とし，「健康で文化的な最低限度の生活」を営むうえで，まさに生存権実現のために，保育や生活支援などの福祉サービスの利用は不可欠である。利用者負担の存在により，支援を必要とする人がサービスの利用をあきらめたり，必要量を減らしたり，食費など最低生活費を削って負担にあてたりすることになれば，「健康で文化的な最低限度の生活」を維持できなくなる。そうした生存権侵害を防ぐため，また福祉の財政責任を確保する意味でも，福祉サービスにかかる費用については，国・自治体が公費で負担すべきであり，利用者負担を課すべきではない。例外的に負担を課す場合でも，応能負担原則から，利用者の負担能力を超えた過大な負担とならないような配慮が求められる[(12)]。これは憲法の規範的要求といえ，そこから利用者の費用負担の免除権が観念できる。保育制度においても，保護者は，過度な保育料負担を課せられない，もしくは保育料を免除される免除権を有しているといえる。

また，子どもを産み育てることは，個々人の「自己決定」であり，自由権の行使とされ，「性と生殖に関する健康と権利（SRHR：Sexual and Reproductive Health and Rights）」として，1995年の第4回世界女性会議で，北京行動要綱が採択されて認められて以降，現在では，基本的人権の1つ

---

(11)　北野弘久（黒川功補訂）『税法学原論〔第9版〕』（勁草書房，2022年）116頁参照。

(12)　西原道夫編『社会保障法〔第4版〕』（有斐閣，1999年）8頁も，どのような給付がなされようとも，被保障者自身がその財源について重い負担を負っているならば，それは自助の一形態に過ぎないと指摘する。

として確立している。それゆえに，国・自治体が，前述した孤立出産に追い込まれている女性への支援を十分行わなかったり，女性に対して出産の圧力をかけたりすることは，この権利の侵害になり許されないというべきであろう。

④ 本書の目的と構成

本書は，以上のような子ども（さらには保護者）の権利保障という観点から，児童福祉法および子ども・子育て支援法の法的諸問題と児童福祉・保育の課題を考察し，確実な財政保障と保育基準の改善により，安心して子どもを育てることのできる法制度の確立に向けた道筋を示すことを目的としている。

まず，2012年の子ども・子育て支援法と改正児童福祉法の成立，2015年のそれらの施行による子ども・子育て支援新制度の実施，そして，2024年の改正子ども・子育て支援法の成立に至るまでの児童福祉・保育法制の展開をたどり，子ども・子育て支援法と2012年の改正児童福祉法の内容と構造を明らかにする（第1章）。ついで，子ども・保護者の権利保障の観点から，子ども・子育て支援新制度のもとでの市町村の保育実施義務（第2章），子ども・子育て支援法と児童福祉法にもとづく給付決定（第3章），子ども・子育て支援新制度のもとでの施設・事業者（第4章），保護者の費用負担（第5章），2026年度から導入される子ども・子育て支援金とこども誰でも通園制度（第6章）の法的問題と課題を探る。そのうえで，子育て支援など社会保障の財源確保と児童福祉・保育の法政策のあるべき方向性を提示する（終章）。なお，補論として，保護者の育児休業の取得を理由とした保育の実施の解除（「育休退園」）を子ども・保護者の権利から考察した裁判所提出の意見書を加筆・修正したものを参考のために掲載した。

第1章 児童福祉・保育法制の展開と児童福祉法・子ども・子育て支援法

本章では，1970年代の保育所増設の時期から子ども・子育て支援法の成立，さらに幼児教育・保育の無償化，改正子ども・子育て支援法の成立に至るまでの児童福祉・保育法制の展開をたどり，規制緩和中心の保育制度改革の問題点を検証する。そのうえで，子ども・子育て支援法と2012年児童福祉法改正の内容を考察し，その本質と問題点を明らかにする。

1 児童福祉・保育法制の展開――保育措置制度の見直しと1997年の児童福祉法改正

(1) 保育所数の推移と保育問題研究会の報告書

高度経済成長期の1960年代には，「ポストの数ほど保育所を」をスローガンに，各地で保育所づくりの運動が広がり，革新自治体の誕生がそれを後押ししていった。1970年代に入ると，国も，住民の保育所づくり運動の拡大におされ，保育所緊急整備計画を策定し，年平均で800か所程度の増設，入所児約9万人増を実現した。これにより，保育所2万3000か所弱，在籍児200万人弱の水準に達し，現在の水準の基礎が築かれた。

しかし，1980年代に入り，日本経済が低成長の時代を迎えると，個人や家族の自助努力を強調する「日本型福祉社会」論のもと，福祉見直しが叫ばれ，福祉予算の削減がはじまる。保育所についても「保育所の役割は終わった」として，保育所数は一転して減少傾向となり，2000年で2万2000か所にまで数を減らしていった（その後，2008年4月に，ようやく1980年代初頭の水準を回復）。

1990年代に入ると，バブル経済が崩壊し，経済不況が顕著となり，1980年代の公費支出の抑制と家族依存型の福祉政策が行き詰まりをみせ，さらに急速な少子・高齢化の進展を背景に，社会保障制度全般にわたる改革が政策課題とされるようになる。そして，このころから，政府文書などで，措置制度の廃止を視野にいれた改革論が登場してくる。

措置制度見直しの先陣を切ったのが，保育制度の見直しであった。1992年12月，1993年度予算に関して，当時の大蔵省と厚生省が，保育所入所措置費の1200億円の国庫負担分を削減する方針を打ち出し，同時に，厚生省内に保育問題研究会が設置され，保育措置制度から契約制度（直接契約）への転換が検討されることになった。しかし，保育問題研究会の議論が進むにつれ，年収500万円以上世帯への直接契約導入案などが明らかとなり，保育団体や保護者の広範な反対運動が沸き起こった。1993年に自民党単独政権が倒れ，非自民の細川連立政権が成立したこととも重なり，結局，国庫負担削減案は撤回され，保育問題研究会も統一的な意見の取りまとめができず，1994年1月の同研究会の報告書では「措置制度の縮小は，公的責任の放棄につながる」として，その堅持・改善を主張する見解と，措置制度と契約制度の併用論の両論併記となった。この時点で，保育問題研究会を中心とする保育所措置制度の契約制度への転換の動きはいったん挫折した[(1)]。

(2) 1997年の児童福祉法改正

保育問題研究会の報告書が両論併記となったことを受けて，1997年に，児童福祉法の改正が行われた（1998年施行）。それまでの同法24条にあった「措置」の文言が削除され，同法24条1項に移行させられ，2項から5項までが追加された。24条1項は，市町村は「保育に欠ける」児童を「保育所において保育しなければならない」と，市町村の保育実施義務を規定し，保育所入所の申込みも市町村に行うことが明記され，直接契約方式はとられなかった。行政解釈では，これにより，市町村と保護者とが利用契約を締結する仕組み（いわゆる措置制度から契約制度）に転換されたとしている[(2)]。

---

(1) 里見賢治「規制改革の攻勢と保育制度『改革』――少子化対策特別部会『第一次報告』を読む」賃金と社会保障1496号（2009年）5頁参照。

(2) 児童福祉法規研究会167頁以下参照。

もっとも，保育の実施義務は市町村にあることを考えると，保護者からの申込みに対して市町村が行う入所決定（もしくは入所不承諾）は，単なる申込みに対する承諾ではなく，行政処分に該当すると解される。裁判例も，行政処分であることを前提にして，判断を進めており（東京地判2006年10月25日判時1956号62頁など），学説も，行政処分性を肯定する説が有力である。そして，この入所決定によって保育の実施が開始された後の保育所利用関係は，保護者と市町村との間の契約関係とみることができよう（第2章4参照）。

一方，1997年12月には，介護保険法が成立し，2000年4月から施行された。高齢者福祉の分野では，措置制度が廃止され，個人給付・直接契約方式に移行し，介護保険という形で社会保険方式への転換までがなされ，最もドラスティックな改革が行われたといえる。そして，介護保険法は，これ以降，他の社会福祉法制のモデルとされていく。

⑶　少子化対策の展開

1997年の児童福祉法改正以後の保育制度改革は，保育所の待機児童の解消を主な目的とし，少子化対策の一環として展開されていく。

日本において，少子化対策が，国（政府）の政策の主要課題として認識されるようになるのは，1989年に，合計特殊出生率が，過去最低であった1966年（丙午の年にあたる）の 1.57を下回ってからである（いわゆる「1.57ショック」）。そして，夫婦の共働き世帯が増加するにともない（そうでない世帯数を上回るのは1997年以降），子ども数は減少しているのに，保育所入所の需要は増大し，保育所不足のために保育所に入れない，いわゆる「待機児童」が増加していった。なかでも，0歳児から2歳児の低年齢保育や長時間保育への需要が高まった。かくして，少子化を食い止め，女性労働力の活用をはかり，経済を活性化するという目的のもと，保育所の待機児童の解消を主な目的とする少子化対策が展開されることとなる。

政府が「待機児童の解消」を，はじめて政策課題として取り上げたのは「緊急保育対策5か年事業」（1995年～1999年），いわゆる「エンゼルプラン」からであった。同事業の開始にあたり，厚生省（当時）が，公式に

「待機児童」という言葉を使用し，全国調査による待機児童数を公表した(1994年分)。エンゼルプランでは，低年齢児保育を15万人増の60万人と目標設定し達成されたが，待機児童は解消されず，その後，新エンゼルプラン（2000年～2004年）が策定され，休日保育や低年齢児受け入れ拡大などが進められた。

また，2001年に成立した小泉政権は，男女共同参画会議による提言をもとに,「仕事と子育ての両立支援策の方針について」を閣議決定し（2001年7月），その中で「待機児童ゼロ作戦」を打ち出した。これは，待機児童の多い都市部を中心に，2002年度中に5万人，さらに2004年度までに，10万人の保育所などへの受け入れ児童の増大をはかるというものであったが，その内容は，認可保育所の増大による受入れ枠（定員）の拡大ではなく，企業参入の解禁や保育所入所定員の弾力化など，規制緩和による対策が中心であった。

なお，2003年には，新エンゼルプランだけでは，少子化に対応できないとして，対策を抜本的に改める少子化社会対策基本法，次世代育成支援対策推進法が成立し，この2法にもとづいて，少子化社会対策大綱が決定され，その重点施策の具体的実施計画として,「子ども・子育て応援プラン」が策定され，実施に移された (2005年度～2009年度)。

2 規制緩和中心の保育制度改革の展開

(1) 保育所への企業参入の解禁と運営費の使途規制の緩和

2000年代に入ると，規制緩和中心の保育制度改革が進められていく。

第1に，株式会社など営利法人の保育所への参入を解禁するとともに，保育所運営費（委託費）の弾力化（使途規制の緩和）が進められた。

社会福祉法2条3項は，保育所を運営する事業を第2種社会福祉事業とし，同事業については，第1種社会福祉事業と異なり，経営主体を国・地方公共団体や社会福祉法人に限定する規定を置いていない（社福60条）。したがって，保育所は，法律上は，社会福祉法人でなくても，株式会社など営利法人でも設立することができる。ただし，従来は，厚生省の通知(1963年）にもとづいて，保育所の設置体は社会福祉法人しか認可しないという運用がなされてきた。しかし，2000年3月の厚生省通知で，社会福祉法人以外の者による保育所の設置認可申請が認められた。その後，株式会社の保育所参入の認可申請があった場合，認可基準を満たしていれば，原則認可すべきとの通知も発出されている。さらに，民間資金等の活用による公共施設等の整備等の促進に関する法律にもとづき，2001年度から，PFI（Private Finance Initiative）方式による保育所設置も進められた(3)。

とはいえ，保育所への企業参入は進まなかった。社会福祉法人や市町村が認可保育所を設立する場合には，国がその費用の半分，都道府県が4分の1を補助する仕組みがあるが，株式会社などが保育所を建設する場合には補助はないため建設費などの初期投資が過大なこと，市町村の委託費に使途規制があることがその主な原因であった。また，株式会社が設置する保育所には民改費（保育士の定期昇給など処遇改善のための補助金）が支給されず，このことが株主配当に対する歯止めとなり，事実上の企業参入の規制となっていた。

そこで，企業参入の解禁と並行して，保育所の運営費（委託費）の使途規制が緩和された。従来，委託費は，基本的に，子どもの保育に必要な費用（保育士の人件費，給食材料費，光熱費，事務費など）にすべて充てることが法的に求められており，積立ては認められていたものの支出の変動に対応する範囲に限定されていた。しかし，この規制緩和で，民改費の範囲で，同一法人の他の保育施設の建設経費への流用が認められた。その後，特別養護老人ホームなどの社会福祉施設の建設にまで流用対象が拡大され，流用範囲も，運営費の3カ月分（保育所の施設整備費に限定）まで拡大された。こうした使途規制の緩和（弾力運用）により，人件費割合が減少し，保育士の労働条件の悪化（とくに低賃金化）が進んだ。

それでも保育所への企業参入は進まず，ついに，後述のように，保育制度を，介護保険をモデルとした個人給付・直接契約方式に転換することで，給付費の使途制限をなくし，小規模保育事業など企業参入が容易となる事

---

(3)　PFI方式は，民間の事業者が保育所を建設し，その保育所を自治体が買い上げ，あらためて事業者に保育所を貸し付け，委託することで，事業者がその保育所を使って運営にあたるという方式である。

業を創設する子ども・子育て支援新制度が構想されるに至る。

⑵ 公立保育所の民営化の推進

第2に，公立保育所の民営化（民間委託）や統廃合が進められた。

公立保育所の民営化とは，通常は，市町村が保育所（公の施設）の設置者でありながら，その管理運営を民間事業者に委託すること（民間委託）を意味する。また，2003年の地方自治法改正で，指定管理者制度が導入され，地方公共団体は，①公の施設の設置の目的を効果的に達成するために必要があると認めるとき，②条例の定めるところにより，③法人その他の団体で地方公共団体が指定するものに，当該公の施設の管理を行わせることができるとされた（地自244条の2第3項)。そして，①の要件はかなりあいまいに解釈され，単なる経費（コスト）削減を目的とした指定がしばしば行われてきた。

こうした中で，保護者に十分な説明もなされないまま，公立保育所の統廃合や民営化を進める自治体が出てきて，民営化に伴う保育環境の変化や保育の質の低下に対して，保護者らが，公立保育所を廃止する条例の取消訴訟を提起する事例が各地で相次いだ。

このような訴訟では，廃止条例の制定行為が行政処分に当るかどうかが問題となった。横浜市立保育所廃止処分取消訴訟判決（横浜地判2006年5月22日判例自治284号42頁）は，横浜市が，その設置する市立保育所4園を廃止し，民営化したことについて，条例制定行為の処分性を認め，拙速な市立保育所の民営化は，市の裁量の範囲を逸脱，濫用したもので違法であるとし，事情判決（行訴31条）により廃止処分の取消しを求める請求は棄却したが，国家賠償請求は認容した。最高裁は，上告審において，賠償請求については，上告不受理とし，取消請求については，条例廃止という制定行為に処分性を認めたうえで，原告の保育の実施期間が満了した現時点においては，訴えの利益は失われたとして上告を棄却した（最判2009年11月26日判時2063号3頁)。

また，大阪府大東市が，その設置する市立保育所を廃止し民営化したことにつき，市と保護者との関係を公法上の利用契約関係ととらえ，市は，引継ぎ期間を少なくとも１年程度設定し，民営化の後も数カ月程度，従前の保育士を新保育園に派遣するなどの十分な配慮を怠ったとして義務違反を認定し慰謝料を認容した事例がある（大阪高判 2006 年 4 月 20 日賃社 1423 号 62 頁）。さらに，移管先との共同保育などの引き継ぎが性急で十分でない保育所廃止には裁量権の逸脱または濫用があり，保護者らの保育所選択権を侵害するとして，神戸市による保育所廃止・民間移管を仮に差し止める決定がなされた事例もみられる（神戸地決 2007 年 2 月 27 日保情 365 号 6 頁）。

指定管理者方式を用いた公立保育所の民営化については，公立保育所の児童の保護者から，市（川崎市）の行った指定管理者の指定処分の取消訴訟が提起された事例がある。裁判所は，保育所において保育を受けている子どもおよびその保護者らについて原告適格（行訴 9 条 2 項）は認めたものの，市による指定管理者の指定（処分）には一応の合理性があり，裁量の逸脱・濫用はないとし，保護者の請求を棄却している（横浜地判 2009 年 7 月 15 日賃社 1508 号 42 頁）。

(3)　面積基準や園庭設置義務の緩和，給食の外部搬入

第３に，保育所の面積基準などの緩和が行われるとともに，自園調理の原則が崩され，給食の外部搬入が認められ，食育も含めた保育環境の悪化がもたらされた。

1969 年に創設された乳児保育指定保育所制度では，指定を受ける要件として，乳児の保育を行う「乳児室及びほふく室」の面積が乳児１人あたり 5m^2 以上とされていた。1998 年の乳幼児保育の一般化に伴い，この基準は「乳児室 1.65m^2 又はほふく室 3.3m^2」とされ，実質的に 3.3m^2 に引き下げられ，さらに，児童福祉施設最低基準（当時は「児童福祉施設の設備及び運営の基準」として厚生労働省令で定められていた。以下「最低基準」という）で必置とされていないホールや廊下などについても保育室に転換し，待機児童の受け入れが求められた。この結果，トイレが足りない，廊下でお絵かきをしたり食事をする事例などが報告されるようになり，無理な詰め込み保育で，子どもの保育環境が悪化した。

また，最低基準は，原則として，3歳以上の幼児1人あたり3.3m²以上の野外遊技場の設置を義務付けていた。しかし，2001年の厚生労働省の通知は，この原則を転換し，保育所の近隣にある安定的に利用可能な公園，広場，寺社境内などがあれば隣接していなくても野外遊技場に代替できることを認めた。この通知以降，園庭のない保育所が急増し，現在では，政令市と東京23区では，国基準の園庭のない保育所が3割にものぼっている。園庭がないことで，外遊びの時間が減少し，子どもの発達に大きな支障が出ている。

さらに，最低基準では，保育所には調理室の設置が義務付けられ，事業者が雇用する調理員による自園調理が原則になっていた。しかし，1998年に，自園調理を前提としつつ，調理業務の外部業者への委託が認められた。2004年には，構造改革特区において公立保育所に限定して給食の外部搬入が認められ，この構造改革特区の特例の実施状況を踏まえて，2010年から，3歳以上児については，特例を全国展開することとされた（構造改革特区の特例は公立保育所における3歳未満児に対する外部搬入に変更）。この結果，公立を中心に外部搬入の施設が急増した。構造改革特区における特例の実施状況に関する厚生労働省の調査（2017年）では，外部搬入施設では，発達段階に応じた食事が提供されていない施設の割合や異物混入などの事故発生率が高い，アレルギーの子どもへの代替食の提供割合が低いなどの問題点が指摘されている。

⑷　保育所の定員超過入所

第4に，保育所定員の弾力化の名のもとに保育所の定員超過入所が進められた。

厚生省（当時）は，1982年8月の通知で，「年度途中」の緊急の場合の特別措置として，定員を超えて入所させることができるとしたが，1996年3月の通知では，緊急の場合の特例という限定がはずされ，1998年2月の通知では，「年度途中」という限定もはずされた（年度当初10%まで，年度途中15%まで，年度途中の育児休業後は20%までの上限あり）。2000年2月の通知では，定員超過の上限が，年度当初で定員の15%，年度途中で

25%，育児休業後は25%に引き上げられ，2001年3月の厚生労働省の通知では，年度後半は理由を問わず，認可定員の25%を超えても可能とされ，上限なしで定員超過入所が認められることとなった。さらに，2010年2月の厚生労働省通知により，2010年度からは，年度当初からの定員超過の上限も撤廃された。

待機児童の解消を名目に，いわばなし崩し的に定員超過入所が容認されてきたといってよい。もっとも，定員超過入所の場合も，設備や職員数は，を満たしていることが条件とされてはいた。しかし，設備は従前のままで定員超過入所を行えば，設備面での条件は必然的に低下する(4)。しかも，保育所の最低基準自体が，1948年に制定されたもので，当時ですら不十分な水準であることが指摘されていたにもかかわらず，ほとんど改善されないままであった（第4章4参照）。何より，定員超過の保育所では，こうした最低基準すら守られていない実態があった。前述の面積基準等の緩和と相まって，子どもの保育環境が悪化し，認可保育所での事故も増大していった。

(5)　保育士配置の弾力化と短時間勤務保育士の増大

第5に，保育士配置に対する規制緩和も進められ，短時間勤務保育士が増大し，保育士の労働条件の悪化や過重労働化が進んだ。

最低基準で規定されている定数上の保育士については，常勤保育士が基本とされていたが，1998年2月の厚生省通知により，①常勤保育士総数が最低基準上の定数の8割であること，②常勤保育士が各組やグループに最低1人配置されること，③短時間勤務保育士の勤務時間が常勤保育士を上回ることを条件に，常勤の保育士に代えて短時間勤務の保育士（1日6時間未満または月20日勤務）を充ててもよいとされた。さらに，2002年5月の厚生労働省通知では，①の2割規制も事実上撤廃された。

---

(4)　勝部雅史「『児童福祉施設最低基準』の変更による保育水準への影響」東洋大学人間科学総合研究所紀要20号（2018年）75頁も「最低基準を引き上げることなく超過入所させることにより，入所児が受ける保育の水準は相対的に低下する」と指摘している。

短時間保育士の活用は，朝食介助や保育士の休憩時間を保障するなど，補助的・部分的業務を担う形で従来から行われてきた。しかし，保育所の開所時間が10〜11時間というところが増え，子どもの在所時間の方が保育士の勤務時間よりも長くなりつつある中での，こうした短時間保育士の増大は，保育の質の低下と常勤保育士の労働強化につながっている。保育士が次々と入れ替わるつぎはぎの保育では，子どもの生活の流れに安定的にかかわることが困難となり，保育士も子どもも負担が重く，保育の質の低下は明らかであった。

また，常勤の保育士といっても，期間の定めのない正規職員として雇用するのではなく，契約職員や派遣職員であったりする場合も多くなり，財政の苦しい市町村では，公務員である公立保育所の正規雇用の保育士の採用が抑制され，クラス担任までも非正規雇用の保育士でしのぐという状況が広がった。

(6) 公立保育所運営費等の一般財源化

第6に，2003年度から障害児保育の補助金が，2004年度から公立保育所運営費が，2005年度から延長保育促進事業（基本分。2006年度に公立保育所加算分）が一般財源化された。

従来の保育所運営費は，国基準の保育単価をもとに総額を算定し，そこから保護者が支払う保育料を差し引いた2分の1を国が，残り4分の1ずつを都道府県と市町村でそれぞれ負担する仕組みで，この場合の国の財政負担は，児童福祉法で支出が定められた国庫補助負担金として，保育運営に使途を限定する特定財源となっていた。この国庫補助負担金をゼロにし，地方交付税などの使途を特定しない一般財源で保育所運営費を賄う仕組みとしたのが，保育所運営費の一般財源化である。

こうした公立保育所運営費の一般財源化により，地域の保育予算に格差が生まれるとともに，前述した公立保育所の民営化に拍車がかかった。もっとも，自治体の負担部分については，地方交付税等の財政手当がされており，公立施設が私立施設に比べて市町村財政に負担を強いているわけではなかったが，多くの自治体が，財政が苦しいとの理由で，公立保育所の民営化を進めた。

以上のような規制緩和中心の保育制度改革では，保育所の増設という，待機児童問題の根本的解決は図られることなく（むしろ，公立保育所は減少し続けた），保育環境と保育士の労働条件の悪化がもたらされたといえる。

3 認定こども園と家庭的保育事業の制度化から子ども・子育て支援新制度へ

(1) 認定こども園と家庭的保育事業の制度化

一方，2006年に成立した「就学前の子どもに関する教育，保育等の総合的な提供の推進に関する法律」（以下「認定こども園法」という）により認定こども園が制度化された。同法は，幼稚園や保育所などが，都道府県知事の認定を受けて，小学校就学前の子どもに対する教育・保育，保護者に対する子育て支援の総合的な提供を行うことを目的としている（1条）。保育所入所（利用）と異なり，認定こども園は，私立保育所が認定こども園に移行した場合でも，従来の保護者と市町村との契約ではなく，幼稚園と同様，保護者と施設との直接契約になるため，児童福祉法に定められた公的保育制度を崩すものとの批判があった[(5)]。また，保育を必要とする子どもと幼稚園に通う子どもと保育時間が異なる子どもが混在し保育を受ける点にも特徴がある。

もっとも，認定こども園は，会計処理や事務処理の手続きが煩雑なこと，移行のための財政支援等が不十分なことなどの問題があり，当初は，普及は進まなかった。その後，保育所の認定こども園への移行が進み，現在は一定数の増加がみられている（第4章3参照）。

2008年には，家庭的保育事業が制度化された。家庭的保育事業は，当初は，自治体の独自事業として始まり，「保育ママ」などと呼ばれていたが，2000年に国庫補助事業となり，2008年の改正で，児童福祉法24条2項に位置付けられ，保育所の補完的な役割を担うものとして（保育所保育

(5)　杉山隆一・田村和之『保育の理論と実践講座4／保育所運営と法・制度──その解説と運用』（新日本出版社，2009年）141頁（田村和之執筆）参照。

の代替保育として），市町村の委託事業となった（2010年より）。家庭的保育事業の制度化は，保育所保育を基本とする従来の保育制度から，保育所以外の多様な保育施設・事業を同列に扱う子ども・子育て支援新制度導入の布石であったともいえる。

(2) 2010年の児童福祉法改正

2010年の児童福祉法改正では，障害児（身体に障害のある児童，知的障害のある児童，精神に障害のある児童（発達障害児を含む），一定の難病に伴う障害のある児童。児福4条2項）に対する給付の改正が行われた。すなわち，身近な地域で支援をうけられるよう，障害種別等に分かれていた施設が一元化され，①障害児通所支援，②障害児入所支援に再編されるとともに，新たに③障害児相談支援が設けられた（第3章4参照）。

このうち，①の障害児通所支援には，児童発達支援，医療型児童発達支援，就学している障害児に対する放課後等デイサービス，居宅訪問型児童発達支援，および保育所等に通う障害児に対する保育所等訪問支援があり，これらの障害児通所支援を行う事業は障害児通所支援事業といわれる（児福6条の2の2第1項）。

②の障害児入所支援については，入所による支援を行う施設は障害児入所施設に，通所による支援を行う施設は児童発達支援センターに一元化された（児福7条1項）。障害児入所施設は，福祉型と医療型に区分され，それぞれの目的に応じた支援を行う施設とされ（児福42条），児童発達支援センターも，福祉型と医療型に区分され，障害児を日々保護者のもとから通わせて，それぞれの目的に応じた支援を提供する施設とされた（児福43条）。前者については都道府県が，後者については，市町村を実施主体としている。この再編で，これまで第1種社会福祉事業とされていた障害児通園施設などが，障害児通所支援事業（児童発達支援センター）として第2種社会福祉事業に位置づけられ（社福2条3項），企業参入も可能となった。

③は，障害児支援利用計画の作成などを行う障害児支援利用援助と，障害児支援利用計画が適切であるか否かを一定の期間ごとに検証し，その結果を勘案して計画の見直しや変更を行う継続障害児支援利用援助とに区分

される（児福６条の２）。

なお，障害児施設に入所した障害児が，満18歳に達した後も，引き続き入所支援を受けなければ，その福祉を損なうおそれがあると都道府県が認める場合には，満20歳に達するまで，施設入所を継続することができるという特例が設けられた（児福24条の24）。児童福祉法では，18歳以上の者は児童福祉施設の入所対象とはならないが，退所先の施設がないため，児童福祉施設に継続して入所している場合がある。いわゆる「過齢児」の問題である。入所利用児（者）に占める過齢児の比率は，全国平均で４割に近く，とくに知的障害児入所施設に過齢児が多い。この特例規定により，事実上，入所の継続が20歳までに制限され，18歳以上の障害児施設の入所者については，障害者の日常生活及び社会生活を総合的に支援するための法律（障害者総合支援法）による障害者施策での対応が基本とされた。

⑶　最低基準の地方条例化とその問題点

2010年代にはいると，地方分権化の流れの中で，最低基準の地方条例化が断行された。

保育所など児童福祉施設の最低基準については，2011年改正前の児童福祉法45条で，厚生労働大臣（国）が「児童福祉施設の設備及び運営」について「最低基準」を定めなくてはならないと規定しており，これにもとづき，前述のように，1948年に，児童福祉施設最低基準が厚生省令（昭和23年厚生省令63号）として定められ，改定をかさねてきた。同基準は，保育所をはじめ児童福祉施設の設置者が遵守すべき人員配置基準や設備・運営の基準を示しており，これらは，同施設の子どもが全国どこにいても最低限保障される基準であり，その意味で，児童福祉施設における全国一律の最低保障（ナショナルミニマム）の機能を果たしてきた。ただし，敗戦直後の当時の経済状況から，この基準低い水準にとどめられていた。

2011年４月に成立した「地域の自主性及び自立性を高めるための改革の推進を図るための関係法律の整備に関する法律」（以下「第１次一括法」という。なお，対象法律を拡大した同名の法律，いわゆる「第２次一括法」が同年８月に成立している）により，児童福祉法45条が「都道府県は，児童福祉施設の設備及び運営について，条例で基準を定めなければならない」と改正され，国が従来は省令で全国共通で定めてきた児童福祉施設の最低基準を，各都道府県（政令市・中核市も含む）が条例で定めることとされた。国が厚生労働省令で定める基準は「児童福祉施設の設備及び運営に関する基準」とされ，都道府県などが条例で定める基準が従来の「最低基準」の役割を担うこととなった（以下，「最低基準の地方条例化」という）。

国が定める基準のうち，①人員配置基準，②居室面積基準，③人権に直結する運営基準（保育所についていえば保育所保育指針，給食調理室など）については「従うべき基準」とされている。「従うべき基準」は「条例の内容を直接的に拘束する，必ず適合しなければならない基準」であり，その意味で，全国共通のナショナルミニマムであり，この限りでは，従来の最低基準の仕組みと実質的にほとんど変わらない。これに対して，①②③以外の項目は，国が「参酌すべき基準」を示すものの，自治体は，条例により基準を別個に設定できる。拘束性の異なる基準設定を通じて，条例による福祉施設の設置基準の緩和を許容しているともいえ，福祉のナショナルミニマムを変質させるものとなっている。

以上のような最低基準の地方条例化には，保育水準などの地域格差が拡大するという問題がある[(6)]。都道府県が条例で定める基準は「児童の身体的，精神的及び社会的な発達のために必要な生活水準を確保するものでなければならない」（児福 45 条 1 項）とされている（この文言は，2011 年改正においても変更されていない）。しかし，最低基準の地方条例化は，国が定める「従うべき基準」以外の基準については，全国共通のナショナルミニマムによる保育の仕組みを崩すことを意味した。実際に，参酌基準とされた事項については，自治体間で，基準の相違がみられるようになり，子どもの発達保障に格差を生み出している。

保育所についていえば，ただですら低かった最低基準を国レベルで引き上げることなく，自治体の条例に委ねることで，実質的な保育所最低基準

---

(6) 保育所最低基準の地方条例化の問題点について詳しくは，伊藤・子育て支援法 56 頁以下参照。

（保育水準）の引き下げが断行されたといえる。

とくに，保育所の面積基準については，指定地域の自治体に限って，自治体独自の基準を条例で制定することができる。そして，2012 年 3 月に入り，指定地域 24 区市を抱える東京都は，0〜1 歳児を年度途中に定員を超え入所させる場合，保育室の面積基準を 1 人当たり国基準の 3.3m^2 から 2.5m^2 に緩和することを認める条例を制定，指定地域の 1 つである大阪市も，これまで 0 歳児 5m^2，1 歳児 3.3m^2 を基準としてきたものを，0〜5 歳児まですべて 1 人当たり 1.65m^2（畳約 1 畳分に相当）に引き下げることができるよう基準を緩和する条例を制定した。懸念された保育水準の引下げが現実のものとなったのである。

⑷　新たな保育制度案の提示と子ども・子育て関連法の成立

1990 年代に入り，社会福祉法制の分野では，措置制度を契約制度に転換する改革が行われ，高齢者福祉と障害者福祉の給付方式が，個人給付・直接契約方式に変えられた。これに対して，児童福祉法にもとづく保育制度は，1997 年の児童福祉法改正により，措置制度から契約制度へ転換されたといわれるが，市町村に保育の実施義務がある公的保育制度は維持されていた。規制緩和中心の保育制度改革も，この基本構造に変更を加えるものではなかった。

しかし，2006 年 4 月に，障害者自立支援法（現在は障害者総合支援法）が施行されたころから，保育制度についても，介護保険法などに比べ改革が不十分，もしくは措置制度の残滓であるとの批判が勢いを増し，個人給付・直接契約方式への転換の提言がなされるようになる。また，幼稚園・保育所双方の機能をあわせもち，直接契約の認定こども園が設立され，幼保一体化（当時は「幼保一元化」といわれていた）への機運が高まった。

2009 年 2 月，厚生労働省所管の社会保障審議会少子化対策特別部会特別部会は「次世代育成のための新たな制度体系の設計に向けて」と題する「第 1 次報告」をまとめ，介護保険法などと同様の直接契約方式をとる新たな保育制度案を提案した。同年 9 月には，民主党政権が発足したが，「第 1 次報告」は白紙に戻されることなく，内閣府のもとに置かれた少子化社会対策会議（少子化社会対策基本法にもとづき設置）のもとで行われていった[7]。

2012年2月には，2014年4月に消費税率を8％，2015年10月に同10％に引き上げることなどを内容とする「社会保障・税一体改革大綱」が閣議決定され，消費税収（国税分）の使途を，高齢者3経費（基礎年金，高齢者の医療および介護保険にかかる公費負担の費用）に少子化に対処するための施策（子ども・子育て施策）に要する費用を加えた「社会保障4経費」に限定すること，同施策について0.7兆円程度（税制抜本改革以外の財源も含め1兆円程度）の財源を確保することが打ち出された。

2012年2月，子ども・子育て関連3法案（総合こども園法案，子ども・子育て支援法案，児童福祉法など関連法律の整備法案）が，消費税増税法案などとともに社会保障・税一体改革関連法案として，2012年の通常国会に提出された。しかし，同法案については，野党のみならず，保育・幼児教育関係の団体や与党内にも強固な反対意見があり，審議は難航した。

同年6月になり，民主党と自民党・公明党の3党による修正協議がはじまり，3党が修正案に合意し，総合こども園法案を廃案にして，認定こども園法改正案が，議員立法で国会に提出された。総合こども園法案では，保育所や幼稚園は総合こども園に移行するとされ「幼保一元化」がめざされたが，同法案が廃案となったことで，これに代わるものとして，認定こども園法の改正が行われ，保育所・幼稚園から認定こども園への移行は任意となった（この時点で，幼保一元化の構想は頓挫した）。同時に，子ども・子育て支援法案，児童福祉法など関連法律の整備法案についても修正案が提出され，それが成案となり，同年8月に，子ども・子育て関連法が可決・成立した[8]。そして，2015年4月，子ども・子育て関連法が全面施行

---

(7) 「子ども・子育て新システムに関するシンポジウム」（日本弁護士連合会主催。2011年7月6日。筆者もシンポジストとして参加）の席上で，シンポジストの一人である村木厚子内閣府政策統括官（当時）は，民主党政権になっても，自民・公明党政権のときに，自身が厚生労働省にいた時と同じ法案作成に向けた作業をしていたと証言している。

(8) 子ども・子育て関連法成立までの経緯について詳しくは，伊藤・子育て支援法69頁以下参照。

され，子ども・子育て支援新制度がスタートした。

(5) 子どもの貧困対策法からこどもの貧困解消対策法へ

一方，深刻化している子どもの貧困に対応すべく，2013年6月に，議員立法により「子どもの貧困対策の推進に関する法律」(2014年1月より施行。以下「子どもの貧困対策法」という）が制定された。同法は，貧困の世代間連鎖の防止を含め，子どもの貧困対策を推進する国と地方公共団体の責務を明記した（3・4条)。

この法律を実施するため，内閣府に子どもの貧困対策会議が設置され，2014年8月には「子どもの貧困対策に関する大綱」(以下「大綱」という）が閣議決定された。大綱では，子どもの貧困対策を進めるにあたって，子どもの貧困に関する指標を設定（子どもの貧困率，生活保護世帯またはひとり親世帯に属する子どもの高等学校進学率など)，その動向を確認し，これにもとづいて施策の実施状況や対策の効果などを検証・評価して，これらの見直しや改善に努めることとしている。そのうえで，これらの指標の改善に向けた当面の重点施策として，教育支援，生活支援，保護者に対する就労支援，経済的支援という4つが挙げられている。しかし，これらの支援の内容は，生活保護法や生活困窮者自立支援法，母子及び父子並びに寡婦福祉法，児童福祉法などによる既存の事業・給付の利用にとどまり，子どもの貧困対策に抜本的な措置が講じられているわけではない[(9)]。また，都道府県は，子どもの貧困対策計画を策定し，子どもの貧困対策の実施状況などを公表するとされたが（9条)，努力義務にとどまり，子どもの貧困率の削減目標値も示されなかった。

貧困率を下げるには，ひとり親世帯に対する児童扶養手当の増額など所得保障の拡充が不可欠だが，国の責任で公費を投入し，子どもの貧困を減少させるという方向性はみえない。それどころか，2013年8月から，生活保護基準の引き下げが断行され，同年10月からは，老齢・障害・遺族年金が1％引き下げられた（13年から3年間で2.5％減額)。母子世帯など

---

(9)　加藤ほか453頁（前田雅子執筆）参照。

に支給される児童扶養手当や障害のある子どもへの手当なども減額された（同じく３年間で1.7％減額）。生活保護基準の引き下げは，子どものいる世帯で約10％と最も大きく，同基準額の1.0〜1.3倍以下に設定されている就学援助も打ち切られる世帯が出ている。

2024年６月には，子どもの貧困対策法が改正され，法律の名称が「こどもの貧困の解消に向けた対策の推進に関する法律」（こどもの貧困解消対策法）に改められ，「子どもの貧困対策に関する大綱」も「こどもの貧困の解消に向けた対策に関する大綱」に名称が改められた。目的規定も改正され，「貧困により，こどもが適切な養育及び教育並びに医療を受けられないこと，こどもが多様な体験の機会を得られないことその他こどもがその権利利益を害され及び社会から孤立することがないようにするため，日本国憲法第25条その他の基本的人権に関する規定，児童の権利に関する条約及びこども基本法の精神にのっとり」とされ，依拠すべき法規として，従来の子どもの権利条約のほかに，憲法25条やこども基本法が加えられた。また，基本理念に，子どもの現在の貧困の解消に加え，「将来の貧困を防ぐ」ことを掲げた。しかし，貧困の解消などの基本理念を実現するための具体的施策には言及がなく，理念法の域を脱していない。公費投入による貧困の解消という方向性はみえず，日々の食事もままならず健康状態が悪化している子どもの現状，深刻な子どもの貧困問題は放置されたままである（序章２参照）。

⑹　幼児教育・保育の無償化から「新子育て安心プラン」へ

2015年の子ども・子育て支援新制度の導入後も，保育制度改革は進められていった。

少子化対策の財源として，社会保障・税一体改革で示された消費税率の引き上げは，2014年４月に８％の引き上げがなされたものの，当時の安倍政権により，２度にわたり延期された。そして，2017年９月，2019年10月に消費税率を10％に引き上げ，その増収分の使途を変更し，幼児教育・保育の無償化などを行うとし，衆議院の解散・総選挙が行われ，与党自民・公明党が勝利した[(10)]。

かくして，2019年10月から，消費税増税が断行されるとともに，3歳以上の子どもすべてと0〜2歳児の一部について保育料の無償化が実施された（以下「幼児教育・保育の無償化」という）。しかし，保育所の副食費が実費徴収になるなど，逆に保護者にとって負担増となった部分もあり，この無償化は，様々な課題を抱えている（第5章2参照）。

待機児童の問題については，国（厚生労働省）は，子ども・子育て支援新制度の実施に伴い，2015年度より，保育所の利用を希望しながらも，同制度の給付対象となっている施設・事業（認定こども園など）を利用している子ども，自治体の補助を受けている認可外保育施設を利用している子どもなどは，待機児童に数えないとする待機児童の定義の変更を行った。また，保育所等利用児童数も，2015年度より，従来の保育所の利用者数のみの数値から幼保連携型認定こども園などの特定教育・保育施設と地域型保育事業（うち2号・3号認定の子ども）の利用者数を含めた数値に変更された（発表官庁も，2023年度より，厚生労働省からこども家庭庁に変更）。

しかし，子ども・子育て支援新制度の導入以降も，保育所の待機児童の解消はみられず，2018年度から「子育て安心プラン」がスタート，32万人分の保育の受け皿整備を進め，2021年3月末までに待機児童をゼロにすることを目標に掲げた施策が展開された。もっとも，このうち6万人分は，認可外保育施設である企業主導型保育事業を受け皿とするもので（第4章3参照），市町村の事業計画の整備分と合わせても約29.7万人で32万人分に届いていなかった。結局，待機児童の解消は実現せず，2021年度からは「新子育て安心プラン」が打ち出され，2021年度から2024年度までの4カ年計画で，約14万人分の保育の受け皿整備を行うとされた。

4 コロナ禍のもとでの保育現場

(1) 一斉休校，緊急事態宣言のもとでの保育所

2020年に入ると，新型コロナウイルス感染症（COVID-19）のパンデ

(10) 消費税の使途の変更も含め，この間の経緯について詳しくは，伊藤・消費税20-27頁参照。

ミックが日本を襲い，児童福祉・保育の現場にも甚大な影響が生じ，子どもの育ちや発達保障の権利が大きく阻害される事態が生じた[11]。時系列的に，保育所を中心に，その影響をたどっていく。

日本での新型コロナ感染拡大が顕在化しはじめた2020年2月27日，政府は，突如，同年3月はじめからの全国の小中学校の一斉休校を要請，これを受けて，厚生労働省は，同日，事務連絡を発出し，保護者の就労や春休みのないことなどを理由に，保育所は原則開所を求めた。同時に，保育所の園児や職員が新型コロナに罹患した場合や地域で感染が拡大した場合には「臨時休園を検討されたい」としつつ，その場合の対応として，「訪問型一時預かり」や「保育士による訪問保育等の代替措置」を講じることも求めた。ただし，これらの代替措置については，地域での実施体制が整っておらず非現実的なものであった。国（政府）は，登園自粛の要請を行うにとどまり，最終的な判断は自治体に委ねられたため，自治体によって判断と対応はバラバラとなり，保育の現場は大きな混乱に見舞われた。

そして，2020年4月7日，東京都などに初の緊急事態宣言が発令され，同日付けの厚生労働省の事務連絡で，保護者に登園自粛を要請しつつも，保育所は「休止要請の対象外」となった。自治体によっては原則休園を打ち出すところもあり，自治体間の対応がわかれた。自主的な登園自粛もみられ，保育所の利用は大きく減少し，この時期，保育の縮小がみられた。

もっとも，保育所では，臨時休園や利用の減少があっても，月初めの年齢別の在籍児童数をもとに公定価格が算定され認可保育所には委託費が支払われる仕組みであり，収入が保障される。後述のように，市町村の保育実施義務が制度的に維持されていることで，コロナ禍でも，利用実績に応じて給付費（報酬）が支払われる介護事業者や障害者事業者のように，利用者の減少による経営難や従事者の給与減，ボーナスカットなどには至らなかったのである。また，内閣府・厚生労働省の通知（2020年6月）で，保護者の支払う保育料も原則日割り計算で減免が行われることとされた。

---

(11)　コロナ禍のもとでの保育所の状況について詳しくは，伊藤・岐路に立つ 75-81 頁参照。

一方で，国・自治体からの財政支援がない認可外保育施設の場合は，利用の減少で，たちまち経営が行き詰まり，財政基盤の脆弱な施設では，施設の継続が難しくなった。市町村が保育所保育の実施義務・財政責任を負う公的保育制度の重要性が改めて再認識されたともいえる（第２章１参照）。

⑵　繰り返される緊急事態宣言，まん延防止等重点措置と保育現場の苦悩

１回目の緊急事態宣言は，2020 年５月 25 日に全国すべてで解除された。保育現場も，順次通常の保育に戻り，保育の縮小は解消されていったが，感染防止のためプール遊びや行事をどうするかなど，保育現場での模索は続いた。

もっとも，緊急事態宣言の下，休園措置をとった私立の認定こども園や新型コロナ感染発生で休園となった私立保育所もあり，自治体によっては，公立保育所で代替措置を講じたり，公的な施設を整備し，保育士を派遣して保育を継続する措置をとった例もあったという[12]。公的責任が明確な公立保育所は，緊急事態の対応という点で大きな力を発揮したのである。また，コロナ禍を経て，保育の仕事は，医療や介護と同じエッセンシャルワーク（社会の維持に欠くことのできない仕事）であり，保育士は，医療従事者などと同様，エッセンシャルワーカーと認知されるようになった。にもかかわらず，保育士の待遇は低いままであることが明らかとなり，保育士の待遇改善が喫緊の課題となった。

その後，2021 年９月末に，全国で緊急事態宣言，まん延防止等重点措置が全面解除され，同年 10 月から 12 月までの３カ月間は，感染状況が落ち着き，収束に向かうかに見えた。ところが，2022 年１月以降のオミクロン株の爆発的な感染拡大（いわゆる第６波）により，保育所等をめぐる様相は激変する。子どもへの感染が急拡大し，保育所や認定こども園の休園が各地で激増したからである。障害児の通所施設などでもクラスターが

(12)　杉山隆一「すすむ公立保育所民営化と公の役割」住民と自治 693 号（2021 年）21 頁参照。

発生，子どもが通園できなくなり，保護者の負担が増大し仕事への影響が深刻化した。そのため，2022年2月の厚生労働省の事務連絡により，保育所等で感染者が出た場合の臨時休園という原則を転換，「感染予防に最大限配慮しつつ，原則開所」を要請，休園の場合も範囲・期間をなるべく限定し，代替保育の実施などで市町村が保育提供体制を確保し，保育を継続して実施することが求められた。しかし，休園の可否や休園日数等の判断までも保育所など施設にゆだねる自治体が増え，施設によって対応はばらばらとなり，大きな混乱が生じた。とくに，代替保育のための保育者や場所の確保は困難を極めた。乳幼児期の子どもは，環境の変化に慣れるには時間がかかり，子どもにとって安全が確保され安心に過ごせる施設・環境と保育士の配置が最低限必要になるからだ。実際，施設や保育士を確保することが難しく，代替保育の実施例は少数にとどまった。

また，感染者数の急増で，保健所業務がひっ迫し，厚生労働省の事務連絡（2021年6月）を根拠に，保育所など施設が，濃厚接触者の範囲を特定し感染状況等を判断するように保育所等に求める自治体も出てきた（緊急事態宣言地域やまん延防止等重点措置区域に限る）。濃厚接触者に該当するかどうかを施設で判断するという保健所業務の肩代わりが，保育現場への負担や保護者・職員の不安を増大させた。さらに，保育所で感染が発生していなくても，職員の子どもが濃厚接触者となり家庭で待機することになったり，家族の感染で職員自身が濃厚接触者になったりと，出勤できない職員が増え，日々の保育体制の調整に追われる保育所も続出した。この時期，政府の新型コロナウイルス感染対策分科会（当時）がまとめたオミクロン株の特性を踏まえた感染防止策では，当初の原案は「保育所では2歳児からマスク」となっていたが，分科会で小児科医の専門家から異論が噴出，保育現場からも園児への正しいマスク着用は困難と批判の声があがり，「発育状況に応じて，無理なく可能と判断される児童」について「可能な範囲でマスク着用を推奨」との表現に修正された。政府の対応は二転三転し，混乱を招いた。

(3)　新型コロナ感染症の５類移行と通常保育への模索

2022年3月21日には，まん延防止等重点措置が全国で解除されたが（それ以降，2度と出されることはないまま，後述の5類移行に至る），感染者数は高止まりしたままで，保育現場では感染対策に神経をすりへらし，苦悩は続いた。

2022年7月からは，オミクロン株のBA・5系統への置き換わりにより，第7波が到来，新規感染者数は第6波をはるかに超え，基礎疾患のある子どもを中心に10歳未満の子どもの死亡も増大した。厚生労働省は，保育所等における感染対策の徹底についても事務連絡を発出したが（2022年7月），感染対策として示されたのは，換気の徹底しかなく，自治体には，保育所等でのクラスター発生の場合には，職員への検査を頻繁に実施するよう求める内容にとどまった。この間のオミクロン株の感染拡大に対する政府の対応は後手に回り，自治体や現場への丸投げともいうべき施策で，自治体の考え方や姿勢の違いによって，保育現場の対応に大きな差が出た。国（政府）は検査体制の整備を怠り，保育士等への検査が間に合わないため，独自にPCR検査の実施する自治体も出てきた。この場合，検査の費用は保育所の負担になるなど（検査費用については，新型コロナウイルス感染症対策支援事業の活用も可能とされたが，もともとの金額が少なく，検査経費を十分賄えるものではなかった），保育現場に大きな負荷がかかった。

その後，感染拡大の第8波（2022年12月～2023年2月）では，高齢者施設で感染者集団（クラスター）が多発，高齢者の死亡が急増し，過去最高の2.7万人のコロナ感染死亡者（その8割以上が70歳以上の高齢者）を数えた。当時で累計7.4万人を超えた新型コロナによる死者数の約3割が，第8波の2カ月余りで命を落とした。にもかかわらず，国（政府）は，ワクチン接種以外，何ら感染対策を打ち出すことなく，現状を放置，過去最大の「医療崩壊」を引き起こし，過去最多の死者数を出した第8波の現実を，国（政府）と大手マスコミは完全に黙殺した[13]。経済活動を回すため

---

(13)　和田秀子「死者最多のコロナ第8波――切り捨てられた高齢者」世界968号（2023年）73頁参照。

には，高齢者がコロナで亡くなっても仕方がない，あるいは高齢者が何人死のうが無関心という戦慄すべき雰囲気が作り出された。

そして，2023年5月8日，政府は，医療提供体制や検査体制の整備をしないまま，新型コロナの感染症法上の位置づけを，季節性インフルエンザと同等の5類感染症に引き下げた（以下「5類移行」という）。5類移行後は，毎日の感染者数の発表はなくなり，定点把握による週1回の感染者数（推計）の発表となった。死者数の発表も，超過死亡者数から推計する形となり，実態把握がほとんど不可能となった。発生状況の迅速な把握，感染拡大の全体像がつかめなくなり，感染症対策・公衆衛生は大きく後退した。2024年4月からは，コロナ治療の公費負担が廃止され，マスコミでも，コロナ感染症に関する報道は激減し，コロナ禍は何の検証もされないまま，終わったかの様相を示している（しかし，その後も感染の波は繰り返され，2024年4月段階で，累計死者数は10万人を超えるに至った）。

一方で，保育の現場では，5類移行後，行事の再開など通常保育へ移行が進んでいる。

5 子ども家庭庁の創設から改正子ども・子育て支援法の成立へ

(1) こども家庭庁の創設

コロナ禍にあった2021年11月，政府のこども政策の推進にかかわる作業部会において，新省庁の創設に向けた原案がまとめられ（この過程で「こども庁」とされてきた名称が「こども家庭庁」に変更された），同年12月に「こども政策の新たな推進体制に関する基本方針〜こどもまんなか社会を目指すこども家庭庁の創設〜」（以下「基本方針」という）が閣議決定された。新省庁の名称変更の背景には，伝統的家族観を重視する自民党内保守派への配慮があったとされる。基本方針をもとに，2022年の通常国会でこども家庭庁設置法が成立，2023年度から，こども家庭庁が設立された。同時に，こども施策を総合的に推進することを目的として，こども基本法が議員立法で成立している（序章3参照）。

こども家庭庁は，こども（心身の発達の過程にある者）の最善の利益を優先して考慮することを基本とし，子育て支援や権利利益の擁護に関する事務を行う。内閣総理大臣の直属機関として内閣府の外局に位置付けられ，各省庁への勧告権などを持つ内閣府特命大臣が置かれ，３つの部門で構成されている。企画立案・総合調整部門では，こども政策に関する総合調整機能を集約，デジタル庁と連携し，個々の子どもや家庭の状況，支援内容などに関する情報を集約するデータベースを整備する。生育部門では，性被害を防ぐため，子どもと関わる仕事をする人の犯罪歴をチェックする制度の導入や子どもの死亡に関する経緯を検証する「チャイルド・デス・レビュー」の検討を進める。支援部門は，虐待やいじめなど，困難を抱える子どもや家庭の支援にあたる。保育所と認定こども園を所管してきた内閣府子ども・子育て本部と厚生労働省子ども家庭局は廃止され，こども家庭庁に移管されたが，幼稚園は文部科学省の所管のままで，教育・保育の内容は両省庁で策定する。

これまでの子ども政策の遅れは，施策や権限が各省庁に分散しているという縦割り行政の弊害から生じており，新庁の設立によって，そうした弊害が除去できるといわれている。しかし，前述のように，これまでの子どもに関する政策は規制緩和が中心で，子どもの安全・安心をないがしろにするもので，子どもの最善の利益を優先する政策には程遠かった。その点の検証と反省がないまま，新庁を設立したところで，子ども本位の政策を実現できるとは思えない。また，こども家庭庁が調整機能を担うとされるが，政策を監視し，子どもの権利を代弁する独立機関も設けられていない。

⑵　少子化の加速による待機児童の減少，保育所定員割れ問題へ

一方，2020 年以降の新型コロナの感染拡大の影響，そして少子化の急速な進展で，保育所等への申込者数は減少に転じ，待機児童数は，2021 年４月１日時点で，全国で 5634 人と，1994 年の調査開始以来，初めて１万人を切った（厚生労働省調査。以下同じ）。とくに，待機児童の８割を占めていた０～２歳児の申し込みが大きく減少した。コロナ禍で，非正規雇用の女性が職を失うなどして保育ニーズの低下が生じたこと，感染リスクを避けるための保育所の利用控えが広がったことなどの要因がある。しかし，そのことは，女性の貧困化が進み，育児の社会化が大きく後退した

ことを意味している。

その後も待機児童の減少は続き，2023年4月1日時点で，全国で2680人と過去最低を更新した。もっとも，保育所等に申し込みながら入所できず，「地方単独の認可外施設を利用している者」や「育児休業中の者（の児童)」「特定の保育園等のみ希望している者（の児童)」「求職活動を休止している者（の児童)」は，国の定義では待機児童とはカウントされていない。こうしたいわゆる「隠れ待機児童」は6〜8万人と推計されており，なかでも「通常の交通手段により，自宅から20〜30分未満で登園が可能」な施設があっても入所しない「特定園のみ希望」の該当者が増えているのが目立つ。しかも，その理由は，きょうだいが別々の保育所になるからなど切実なものが大半である。

さらに，コロナ禍で出産を控える動きもあり，序章でみたように，2023年には，出生者数は72.7万人と過去最少を更新，合計特殊出生率も1.20と過去最低に並んだ。この間，子どもの数は減少していたが，保育所等の利用申込数は，0〜2歳児で多かったため，待機児童はなかなか減少しなかった。しかし，コロナ禍を契機に，2020年以降，0〜2歳児の利用申込者数も減少傾向に転じ，前述のように，待機児童数は全国的に大幅に減少，今後もこの傾向が続くと予想されている(14)。

こうした状況のもと，少なくない自治体では，保育所の定員割れが生じ，公立保育所の統廃合や認定こども園化を進めようとしている。厚生労働省も，2021年5月に，省内に「地域における保育所・保育士等の在り方に関する検討会」を設置し，人口減少地域等での既存の施設規模の縮小などの検討を開始している。とはいえ，前述のように，都市部では依然として「隠れ待機児童」が多く，その解消が先決であり，人口減少や保育需要減を理由とした拙速な保育施設の統廃合や規制緩和には問題がある。

(3) 医療的ケア児法と2022年の児童福祉法改正

2021年には，「医療的ケア児及びその家族に対する支援に関する法律」

(14) 中山徹『子どものための保育制度改革――保育所利用者減少『2025年問題』とは何か』（自治体研究社，2021年）24頁参照。

（以下「医療的ケア児法」という）が公布，施行された。同法は，日常生活および社会生活を営むために恒常的に人工呼吸器による呼吸管理や喀痰吸引などの医療的ケアを受けることが不可欠な児童（「医療的ケア児」と定義され，全国で約２万人いると推計される）の健やかな成長を図り，その家族の離職の防止に資することなどを目的としている（１条）。地方公共団体は，医療的ケア児と家族に対する相談支援体制の整備，日常生活における支援のほか，医療的ケア児が在籍する保育所や学校等に対する支援の措置を講じるものとされる（２条）。

2022年には，児童養護施設等での支援に関して原則18歳（最大22歳）としている年齢上限の撤廃，児童相談所が子どもを一時保護する際の司法審査の導入（裁判所が一時保護の具体的要件に照らして一時保護令状を発効するかを判断）などを内容とする改正児童福祉法が成立し，2024年４月から施行されている。

また，コロナ禍で課題となった保育士等の待遇改善について，2022年度補正予算で，保育士等の給与を約３％（月額9000円）賃上げする予算措置が行われた。2022年２月から９月分までのアップ分は全額国負担の特別補助金（保育士等処遇改善臨時特例交付金）により賄われ，私立施設にかぎらず公立施設の職員も対象とし，公定価格の保育士等の人件費単価を月額で9000円引き上げる補助がなされた。2022年10月以降は，交付金から公定価格の見直しでの対応に変更されている。公定価格の仕組みがない学童保育の支援員についても，放課後児童支援員等処遇改善臨時特例事業が創設され，保育士等と同様の措置で待遇改善が図られた。

とはいえ，実際の保育現場では，公定価格上の設定人員よりも多くの人員を配置しているため，保育士等の全員分の給与が月9000円アップするわけではなかった。しかも，保育所では，保育士以外の職員も働いているが対象外であった（一時保育などの補助事業を担う職員も対象外）。保育士以外の他の職員の処遇改善については，交付金の収入を充てることができるよう柔軟な運用が認められており，結果として，それらの職員全体の賃上げは非常に限定的で，一人当たり3000円程度のアップにとどまっているのが現状で，この程度の待遇改善策では，保育士や学童保育支援員の人手不足はほとんど解消されていない。

(4) 配置基準の改善と改正子ども・子育て支援法の成立

2020年代に入ってから，保育現場では，送迎バス置き去り事故等の重大事故や虐待・不適切保育の問題が生じ，その背景にある保育士の配置基準の低さがクローズアップされ，配置基準の改善を求める声が保育現場を中心に高まった。

2023年12月に閣議決定された「こども未来戦略」では，この配置基準について「2024年度から，制度発足以来75年間一度も改善されてこなかった4・5歳児の基準について，30対1から25対1への改善」が掲げられ，国の最低基準である内閣府令が改正された（「児童福祉施設の設備及び運営に関する基準及び家庭的保育事業等の設備及び運営に関する基準の一部を改正する内閣府令）。子ども・子育て支援新制度導入時の2015年度より先行的に加算措置されてきた3歳児の15対1への改善も同様の改正が行われた。同改正は2024年4月から施行されたが，人材確保に困難を抱える保育の現場で混乱が生じないようにと，経過措置が設けられ，当分の間は，対応できる施設や地域のみの配置基準改善となった（保育士配置基準については第4章4参照）。また，2025年度以降は，1歳児について早期に6対1から5対1への改善を進めるとされた。

さらに，「こども未来戦略」にもとづいて，2024年2月，「子ども・子育て支援法等の一部を改正する法律案」が国会に提出され，同年6月に成立したことは前述したとおりである（序章1参照）。

⑥ 子ども・子育て支援法と子ども・子育て支援新制度の本質・問題点

(1) 子ども・子育て支援法の目的と概要

ついで，2015年から施行されている子ども・子育て支援法の内容について検討する。

同法は，児童福祉法その他の子どもに関する法律による施策と相まって，「子ども・子育て支援給付その他の子ども及び子どもを養育している者に必要な支援を行い」，「一人一人の子どもが健やかに成長することができる社会の実現に寄与すること」を目的としている（子育て支援１条）。ここで，「子ども」とは「18歳に達する日以後の最初の３月31日までの間にある者」をいい，「小学校就学前子ども」とは「子どものうち小学校就学の始期に達するまでの者」をいうとされている（子育て支援６条１項）。

子ども・子育て支援法は，児童手当を子どものための現金給付とし，子どものための教育・保育給付などを子ども・子育て支援給付と位置付けている（子育て支援８条）。同時に，同法は，市町村が，子どものための教育・保育給付にかかる施設・事業所の必要利用定員総数，その他の教育・保育の量の見込み，実施しようとする教育・保育の提供体制の確保の内容と実施時期などの事項を盛り込んだ子ども・子育て支援事業計画を，５年を１期として策定するものと規定する（子育て支援61条）。同事業計画は，都道府県子ども・子育て支援事業支援計画とともに，児童福祉施設および家庭的保育事業等の認可の拒否事由となる法的効果をもつ（児福34条の15第５項・35条８項）。

(2)　子ども・子育て支援給付

子ども・子育て支援給付のうち，子どものための現金給付は児童手当の支給であり（子育て支援９条），子どものための教育・保育給付には，施設型給付費の支給，特例施設型給付費の支給，地域型保育給付費の支給，特例地域型保育給付費の支給がある（同11条）。

児童手当は，2024年12月より，高校生以下の子どものいる家庭に支給され，従来あった所得制限が廃止される。費用負担は，国と地方が負担し（２：１の割合），民間の会社員の場合は，事業主が，その３歳未満の子どもにかかる15分の７を負担する。公務員については，所属庁が全額負担する。2026年度以降は，これに子ども・子育て支援金（保険料）が加わり，公費負担割合が減らされるか，もしくはなくなる（第６章図表６－４参照）。

小学校就学前であって，①満３歳以上の子ども，②満３歳以上で保育を必要とする（家庭において必要な保育を受けることが困難である）子ども，②満３歳未満で保育を必要とする子どもに対して，それぞれに対して，子

図表1－1　子どものための教育・保育給付の施設型給付費と地域型保育給付費

施設型給付費	地域型保育給付費 （③の子どもが対象）
1　保育所での保育 （②③の子どもが対象） 2　認定こども園での保育 （①②③の子どもすべてを対象） 3　幼稚園での保育 （①の子どもが対象）	1　家庭的保育 （利用定員5人以下） 2　小規模保育 （利用定員6人以上19人以下） 3　居宅訪問型保育 （保護者の自宅での保育） 4　事業所内保育 （会社等の事業所内での保育施設）

出所：筆者作成。

どものための教育・保育給付である施設型給付費または地域型保育給付費を支給する。施設型給付費は，①②③の子どもが，認定こども園や幼稚園，保育所などの教育・保育施設を利用した場合に，その子どもの保護者に支給される（保育所の利用は②③の子どもに限られる）。地域型保育給付費は，③の子どもが，小規模保育，家庭的保育などを利用した場合に，その子どもの保護者に支給される（子育て支援7条5項以下。以上につき図表1－1）。以上のように，施設型給付費や地域型保育給付費は，利用にかかった費用の一部の給付，つまり金銭給付（現金給付）であり，利用者（保護者）に対する給付の仕組みである（個人給付方式）。ただし，実際には，市町村が保護者に支給する給付費を，教育・保育施設に直接支払う方式がとられる（代理受領方式）。また，私立保育所の場合は，当分の間，市町村が委託費を保育所に支給することとされたので，代理受領の仕組みはとられていない（子ども・子育て支援法附則6条1項により，同法27条の規定は保育所に適用しないとされている）。

これに対して，特例施設型給付費と特例地域型保育給付費は，①②③の子どもが，認定の申請から支給決定までの間に，緊急その他のやむを得ない理由により特定教育・保育または地域型保育を利用した場合などに支給される（子育て支援28条・30条）。

子どものための教育・保育給付の費用負担は，国と地方が1：1で負担するが，公立保育所を含む公立施設への施設型給付費については，市町村が10分の10の負担で，国の負担はない（子育て支援68条１項）。

2019年には，前述の幼児教育・保育の無償化の実施に伴い，子ども・子育て支援法が改正され，子ども・子育て支援給付として子育てのための施設等利用給付が創設された（子育て支援８条）。これは小学校就学前の３歳以上の子ども，住民税非課税世帯の③の子どもが，特定子ども・子育て支援施設等（子どものための教育・保育給付の対象外である認定こども園，幼稚園，特別支援学校幼稚部，認可外保育施設，預かり保育事業，一時預かり事業，病児保育事業，子育て援助活動支援事業であって，市町村長の確認をうけたもの。子育て支援７条10項・30条の11）から教育・保育その他の子ども・子育て支援を受けたとき，その費用について施設等利用費を支給するものである（同30条の２。第５章３参照）。

さらに，2024年の子ども・子育て支援法の改正で，子ども・子育て支援給付に，妊婦へ５万円，子ども１人当たり５万円を支給する「妊婦のための支援給付」と「乳児等のための支援給付」が新たに加わり，子ども・子育て支援金の創設がなされた（第６章３参照）。

(3)　地域子ども・子育て支援事業

子ども・子育て支援法では，このほかに，地域子ども・子育て支援事業が規定されている。同事業は，市町村の事業として実施されるもので，①利用者支援事業，②認定時間外保育の費用の全部または一部を助成する事業（延長保育事業），③学用品購入や行事参加などに要する費用の全部または一部を助成する事業，④企業など多様な事業者の参入を促進するなどの事業，⑤放課後児童健全育成事業，⑥子育て短期支援事業，⑦乳児家庭全戸訪問事業，⑧養育支援訪問事業，⑨地域子育て支援拠点事業，⑩一時預かり事業，⑪病児保育事業，⑫子育て援助活動支援事業，⑬妊婦健康診査，の13事業がある（子育て支援59条。図表１－２)。

子ども・子育て支援法が規定する支給認定において（第３章１参照），認定された時間を超えて保育を利用した場合の保育の費用の全部または一部を助成するのが②の延長保育事業である。また，⑤は，小学生を対象とし

図表1－2　地域子ども・子育て支援事業

① 利用者支援事業（新規）
② 延長保育事業
③ 実費徴収に係る補足給付を行う事業（新規）
④ 多様な事業者の参入促進・能力活用事業（新規）
⑤ 放課後児童健全育成事業
⑥ 子育て短期支援事業
⑦ 乳児家庭全戸訪問事業
⑧ 養育支援訪問事業
⑨ 地域子育て支援拠点事業
⑩ 一時預かり事業
⑪ 病児保育事業
⑫ 子育て援助活動支援事業（ファミリー・サポート・センター事業）
⑬ 妊婦健康診査

注：(新規)は，2015年4月以降，開始されたもの
出所：筆者作成。

た学童保育のことで，市町村事業に位置づけられたことで，学童保育にかかわる国の補助金が廃止され，指導員の待遇を含め市町村間の格差が拡大している（第4章3参照）。⑦の乳児家庭全戸訪問事業と，⑧の養育支援訪問事業は，都道府県が実施する社会的養護，障害児支援と連携して実施することとされている。⑨の地域子育て支援拠点事業は，市町村と当該事業者が連携し，個々の子育て家庭に身近な立場から，その事情に応じた，利用者支援の役割を果たす事業で，⑪の病児保育事業は，子どもが病気の際に就労等で保護者による自宅での保育が困難な場合に，病児の特性を踏まえた保育を提供する事業である。⑩の一時預かり事業は，緊急・一時的な保育を必要とする子どもに対して保育所で保育を提供する事業で，2009年に児童福祉法に法定化され，社会福祉法の第2種社会福祉事業に位置付けられた後，子ども・子育て支援法の地域子ども・子育て支援事業に再編された。

なお，2022年の子ども・子育て支援法の改正で，⑫の子育て援助活動支援事業に，ヤングケアラーも対象とした子育て世帯訪問支援事業，学校・家以外の居場所支援を行う児童育成拠点支援事業，親子関係形成支援

事業が追加されている。また，2022 年の児童福祉法改正では，⑨の一時預かり事業は，緊急・一時的な保育を必要とする子どもに対して，保育所に，子育ての負担軽減を目的とした利用も含まれることが明記された。さらに，2024 年の子ども・子育て支援法の改正で，2025 年度から，産後ケア事業が追加され，14 事業となる。

地域子ども・子育て支援事業に要する費用については，交付金として支弁される。負担割合は，国・都道府県・市町村で３分の１ずつとなっている（⑬の妊婦健診は全額市町村負担で，地方交付税で措置される）。ただし，国および都道府県は，市町村に対して「予算の範囲内で，交付金を交付することができる」と規定されており（子育て支援 67 条２項，68 条２項），①の延長保育事業，⑤の放課後児童健全育成事業，⑪の病児保育事業については質の改善にかかる費用を除いて，事業主と地方（市町村など）が１：２の割合でそれぞれ負担し，それ以外の事業については国と地方が１：２の割合でそれぞれ負担するとされているが，法律上は「予算の範囲内」という不安定なもので，必要な財源が十分確保できるかは不透明である。また，交付金は包括的に扱われるため，どの事業にどう配分するかは市町村で決めることとなる。なお，子ども・子育て支援新制度の実施にともなって，児童手当法が改正され，民間児童館補助金，国立児童館こどもの城の運営費補助金や子育て支援事業等に充てられていた拠出金が廃止され，その拠出金が 13 事業の①延長保育事業，④放課後児童健全育成事業，⑩病児保育事業の就労支援に関わる３事業に限定して充てられている。

⑷　2012 年の児童福祉法改正の概要

児童福祉法の 2012 年改正では，保育所のほか，地域型保育事業の定義規定が置かれた。家庭的保育事業の定義については修正がなされて，利用定員が５人以下とされ（児福６条の３第９項），市町村の委託事業ではなく，代理受領する地域型保育給付費と保護者の支払う保育料で運営する独立採算制の事業となった。このほか，小規模保育事業（利用定員が６人から 19 人のもの。同条 10 項），居宅訪問型保育事業（同条 11 項），事業所内保育事業（同条 12 項）の定義規定が設けられた。以上の４種類の事業が「家庭的保育事業等」といわれる（同24条2項）。また，病児保育事業（同6条の3第13項）および子育て援助活動支援事業（同条14項）の定義規定が新設され，放課後児童健全育成事業（学童保育）の定義から「おおむね10歳未満の児童」という文言が削除された（同6条の3第2項）。

保育所についても定義の修正がなされ「利用定員が20人以上であるもの」と明記された（児福39条1項）。利用定員が19人以下のものは，前述のように，保育所（児童福祉施設）ではなく，小規模保育事業となる。また，私立保育所の設置の認可にあたっての基準や手続が詳細に定められた（同35条4項～9項）。具体的には，保育所設置の認可の申請があった時，都道府県知事は，条例で定める基準等に適合すると認めるときは，認可するが，認可により当該地域の保育所の利用定員総数を超えることになるときは，認可をしないことができることなどである（同35条8項）。

児童福祉法24条1項の定める市町村の保育の実施義務は，2012年改正でも，維持されることとなったが，文言の変更が行われている（第2章3参照）。また，市町村は，保育所，認定こども園または家庭的保育事業等の利用について調整を行うとともに，事業者等に対して利用の要請を行うとされた（児福73条1項による読み替え後の24条3項）。

なお，市町村長があらかじめ締結した協定にもとづき，市町村から設備の貸付け・譲渡などの協力を得て，その市町村と連携のもとに保育および子育て支援を行う保育所（公私連携型保育所）が新設された（児福56条の8）。公私連携型保育所を設置・運営することを目的とする法人は公私連携保育法人とされ，市町村と協定を結び，市町村長から指定を受けなければならない。指定を受けられるのは法人とされているので，株式会社であってもよいが，公の支配に属さない事業への公金支出を制限する憲法89条後段との関連で問題が残る。

⑸　子ども・子育て支援新制度の本質

以上のような子ども・子育て支援法および改正児童福祉法とそれにもとづく子ども・子育て支援新制度の導入は「戦後最大の保育制度改革」[15]と

---

(15)　田村和之・伊藤周平「序論」田村ほか3頁。

いわれているように，その目的は，従来の保育制度（市町村委託・施設補助方式，自治体責任による入所・利用の仕組み）を解体し，介護保険のような個人給付・直接契約方式に転換することにあった。個人給付方式にすることで，これまでの補助金を廃止し，使途制限をなくして企業参入を促し，保育提供の量的拡大を図るとともに（保育の市場化），市町村の保育実施義務（保育の公的責任）をなくすことを意図した制度といえた。

同時に，子ども・子育て支援新制度は，保育所以外に認定こども園や地域型保育事業も給付対象とすることで，多様な基準（多くは保育所の基準よりも低い基準）の施設・事業が並存する仕組みとされた。こうした政策意図のもと，児童福祉法24条１項に定められていた市町村の保育実施義務は，当初の児童福祉法改正案では削除されていた(16)。しかし，多くの保育関係者の反対運動の結果，法案審議の過程で，保育所利用の子どもについてのみであるが，市町村の保育実施義務は維持されることとなった。

とはいえ，子ども・子育て支援法により，認定こども園，幼稚園，保育所は「教育・保育施設」とされ，保育所運営費などの現行の補助金が廃止され，支給認定を受けた子どもの保護者が，教育・保育施設と利用契約を結び（直接契約方式），その子どもが教育・保育施設を利用した場合に，施設型給付費（給付金）が支給される仕組みに移行した。本来は，市町村が保護者に給付金を支給するが，教育・保育施設に直接支払う（教育・保育施設が保護者の代わりに報酬として受領する）方式がとられる（代理受領方式）。家庭的保育事業などについても地域型給付費が支給される。保育所のみ市町村の保育実施義務が残されたため，保護者と市町村との契約という形をとり，私立保育所には委託費が支払われることとされたが，委託費は，施設型給付費の算定方法で支給され（子ども・子育て支援法附則６条２項），

(16)　先の３党修正協議の過程で，当時の民主党は，子ども・子育て関連法案の内容については，内閣府や厚生労働省に丸投げし，厚生労働省側は，市町村の保育実施義務の規定を置くことについては，最後まで難色を示したようである。関係者の証言によれば，村木厚子政策統括官（当時）は，児童福祉法24条１項の修正について「保育しなければならない」ではなく，「保育することができる」という規定にする案も提示したという。それだけ，厚生労働省の側は，市町村の保育実施義務の条文への明記を避けたかった証左といえる。

法制度としては，部分的とはいえ，個人給付方式への転換が実現した。

社会福祉の法制度については，「措置から契約へ」の理念のもと，1990年代後半から，社会福祉基礎構造改革と称して，自治体の責任でサービスを提供（現物給付）する措置制度の解体が進められた。そして，介護保険法，障害者総合支援法など一連の立法により，高齢者福祉，障害者福祉の各分野において，社会福祉給付の大半が，直接的なサービス給付（現物給付）から，認定により給付資格を認められた要介護者などへのサービス費用の助成（現金給付）へと変えられた（個人給付方式）。同時に，利用者の自己決定や選択の尊重という理念に即して，株式会社など多様なサービス供給主体の参入が促進され（福祉の市場化），利用者が事業者と契約を締結してサービスを利用する仕組みとされた（直接契約方式）。

こうした個人給付・直接契約方式への転換は，児童福祉・保育分野においての転換で総仕上げとなるはずであった。しかし，前述のように，支援新制度の導入による個人給付・直接契約方式への転換は，認定こども園など一部にとどまり，多くの子どもが利用している保育所については市町村の保育実施義務が残り（児福24条1項），市町村責任方式が維持された。

一方で，障害児福祉の分野では，前述の2010年の児童福祉法改正により，個人給付・直接契約方式の導入と徹底が図られた。すなわち，市町村の実施責任は廃止され，保護者と施設・事業者との直接契約となり，個々の子どもの実態に応じて決定される1カ月単位の支給量があって，その範囲内で，保護者は利用する施設・事業所と利用回数を選択する仕組みとなった。同時に，利用に応じた出来高払い制度（報酬日額制度）が導入され，事業所の経営はきわめて不安定となった。

(6) 子ども・子育て支援新制度の問題点

とはいえ，部分的とはいえ個人給付・直接契約方式への転換がなされたため，子ども・子育て支援新制度はいくつかの問題を抱えることとなった。

主な問題点としては，①保育所を利用する子どもについては，市町村に保育実施義務が残り，子どもの保育利用の権利が保障されたのに，認定こども園や小規模保育事業など直接契約施設・事業を利用する子どもには，市町村は間接的な保育体制の確保義務しかないなど，子どもの権利保障について格差が生じたこと，②保育所や認定こども園のほかに，保育基準の低い地域型保育事業などが認められ，同じ保育を必要とすると認定された子どもが，利用する（できる）施設・事業者によって，保育の水準（とくに保育士資格のある保育者とそれがない保育者による保育）に格差が生じるようになったこと，である。

すでに，子ども・子育て支援新制度の導入前から，個人給付・直接契約方式を徹底したい国（政府）は，保育所から幼保連携型認定こども園への誘導策など，市町村の保育実施義務を空洞化させるような政策を行ってくる可能性が高いことが指摘されていた(17)。実際に，後述するように，支援制度導入後，保育所から認定こども園への移行が進み（第４章３参照），さらには，子ども・子育て支援金と「こども誰でも通園制度」の導入により，児童福祉・保育の社会保険化が進められようとしている。子どもの保育利用の権利という観点からは，市町村の保育実施義務を規定した児童福祉法24条１項をどう活かし，市町村責任方式の公的保育制度を維持していけるかが課題となる。この課題については次章（第２章）で考察する。

---

(17)　村山祐一・逆井直紀「児童福祉法24条１項の復活の意義と課題――新制度導入に向けて保育所関係者がすべきこと」月刊保育情報439号（2013年）３頁参照。

第2章 子ども・子育て支援新制度における市町村の保育実施義務と保育利用の権利

本章では，子ども・子育て支援新制度のもとでの市町村の保育実施義務と保育利用の権利について，2012年の児童福祉法の改正内容を，2012年改正前の保育制度との比較において考察し，子どもの保育利用の権利という観点から，その特徴と問題点を指摘する。

1 子ども・子育て支援新制度における市町村の保育実施義務

前章でみたように，子ども・子育て支援新制度（以下「支援制度」という）の本質は，市町村が保育の実施義務を負っている保育制度（施設補助方式，自治体責任による利用の仕組み）を，介護保険法や障害者総合支援法のような個人給付・直接契約方式（保護者の自己責任による利用の仕組み）に転換することにあった。そのため，当初の児童福祉法の改正案では，同法24条1項の市町村の保育実施義務を定めた規定が削除されていた。これに対して，国会審議の過程で修正が加えられ，2012年に改正された児童福祉法（以下「2012年改正」という）には，保育所利用の子どもについてのみ市町村の保育実施義務の規定が復活した。すなわち，2012年改正により，児童福祉法24条1項は「市町村は，この法律及び子ども・子育て支援法の定めるところにより，保護者の労働又は疾病その他の事由により，その監護すべき乳児，幼児，その他の児童について保育を必要とする場合において，次項に定めるところによるほか，当該児童を保育所において保育しなければならない」とされ，支援制度のもとでも，保育所を利用する保育を必要とする子どもに対しては，市町村が保育実施義務を負うことが明記された。

一方，子ども・子育て支援法では，保育所は，認定こども園，幼稚園とともに「教育・保育施設」と位置づけられ，従来の保育所運営費（補助金）などが廃止され，給付資格者（保護者）に支給される施設型給付費を代理受領する仕組み（個人給付方式）に転換されるはずであった。しかし，保育所についてのみ，市町村の保育実施義務が維持されたため，保護者と市町村との契約という形をとり，市町村は，私立保育所に保育の提供を委託し，保育に要した費用を委託費として支払うとともに（代理受領方式はとらない），保護者等から利用者負担分を徴収するという，2012年改正前の法律関係が維持された。ただし，委託費の算定方法は施設型給付費の計算によるとされている（子育て支援附則6条）。

また，2012年改正では，「子ども・子育て支援法の定めるところにより」という文言が新たに付け加わった。そのため，支援制度のもとでの保育所利用（入所）の根拠は，子ども・子育て支援法なのか，児童福祉法24条1項なのか，もしくはその双方なのかという法解釈上の疑義が生じている。また，市町村が，保育を必要とすると認定した子どもが保育所を利用した場合には，市町村に保育実施義務があるのに対して（児福24条1項），後述のように，認定こども園や家庭的保育事業等を利用した場合には，市町村には直接的な保育実施義務がない（同条2項）など，法解釈論的にも議論となる部分が多い。この点については，社会保障法学をはじめ法学分野の議論は，まだ端についたばかりといえる。

なお，2012年改正前の児童福祉法24条にもとづく保育制度（以下「旧制度」という）では，保育所保育が基本となっていたため，「保育所入所」や「入所要件」という用語が使われていたが，支援制度では，保育所保育だけでなく，認定こども園や家庭的保育事業など多様な施設・事業者での保育が並立しているため，「保育所利用」という用語が使われている。本章でも，旧制度を考察する場合には「保育所入所」や「入所要件」の用語を用い，支援制度を考察する場合には「保育所利用」や「利用要件」の用語を用いる。

2　2012年改正前の児童福祉法における市町村の保育実施義務

(1)　児童福祉法における「保育の実施」

1997年の児童福祉法改正により（1998年施行），同法の「保育所への入所の措置」の文言が「保育の実施」に変更され，行政解釈では，措置制度から契約制度への転換がはかられたとされた（第1章2参照）。法改正により，保護者が入所を希望する保育所を選択して，市町村に申込み，市町村との間に利用契約が結ばれ，それにもとづいて保育が提供される仕組みに転換されたというわけである(1)。

もっとも，市町村に保育の実施義務があることを考えると，保護者からの申込みに対して，市町村が行う入所決定（もしくは入所不承諾）は，単なる申込みに対する承諾（不承諾）ではなく，申請に対する処分（行政手続法第2章）に該当すると解される。したがって，入所不承諾は，申請拒否処分と捉えることができ，行政不服審査法にもとづく不服申立て（審査請求）の対象になるとともに（同3条2項。行政解釈も同旨）(2)，行政事件訴訟法にもとづく取消訴訟や，入所の義務付け訴訟（同3条2項・6項）の対象となる。裁判例も，行政処分であることを前提にして，判断を進めており（東京地判2006年10月25日判時1956号62頁など），学説も，行政処分性を肯定する説が有力である(3)。そして，この入所決定によって保育の実施が開始された後の保育所入所（利用）関係は，保護者と市町村との間

(1)　児童福祉法規研究会167頁参照。1997年改正前の児童福祉法のもとでも，保護者と保育所との間に契約関係（準委任契約）の成立を認めた裁判所の判断もある（松江地益田支決1975年9月6日判時805号96頁）。ただし，学説では，同決定の法律構成には無理があるとの批判が多い。堀勝洋『福祉改革の戦略的課題』（中央法規，1987年）195頁参照。

(2)　生活保護法や国民年金法では，保護減額処分などに不服がある場合には，上級行政庁や独立の審査機関に審査請求を行うことができる旨が法定されている（生保64条，国民年金法101条などを参照）。これに対して，保育所入所の不承諾処分については，児童福祉法に規定がないため，処分を行った市町村に審査請求を行うこととなる。

(3)　たとえば，碓井光明『行政契約精義』（信山社，2011年）65頁も，単に契約の申込みに対する不承諾とみなしたのでは，不公正な選考がなされた場合や申込みに対して応答がない場合に，申込みをした保護者が争うことがほとんど不可能になること考えると，入所決定，入所不承諾の両方を含めて行政処分とみることが妥当としている。

の契約関係とみることができよう[(4)]。

なお，保育所は「保育を必要とする乳児・幼児を日々保護者の下から通わせて保育を行うことを目的とする施設」（児福 39 条 1 項）と規定され，児童福祉施設のひとつである。児童福祉施設を，国，都道府県および市町村以外の者が設置する場合には，都道府県知事の認可（保育所の場合は認可保育所といわれる）が必要となる（同 35 条）。

(2) 旧制度での保育所入所の仕組み

旧制度での具体的な保育所入所の仕組みをみると，まず保護者は，入所申込書に入所を希望する保育所などを記載したうえで（通常は第 1 希望から第 3 希望まで），居住地の市町村に申込みをする。申込みを受けた市町村は，入所要件の審査を行い，入所申込みの子どもが「保育に欠ける」と認めたときは，保育に対する需要の増大など「やむを得ない事由」がないかぎり，入所決定を行い（実務上は，保育所入所の承諾通知という形がとられている），保育所で「保育しなければならない」とされている（2012 年改正前の児福 24 条 1 項）。

入所要件については，市町村の制定する条例（保育の実施条例）によるが，政令（2012 年改正前の児童福祉法施行令 27 条）で定める基準に従うとされ，ほぼすべての市町村の条例が，厚生労働省の条例参考例に従い，保護者が昼間労働することを常態としていることなど，政令の定める要件をそのまま採用していた。厚生労働省の通知では，保護者が現に就労しておらず求職中である場合も，子どもは入所要件に該当するとされていた。もっとも，入所要件は，保護者の就労など保護者についての事由であり，子どもの事由は考慮されない点で課題があった[(5)]。また，入所要件の判定は，保育所定員数とは別個に客観的に行われなければならず，保育所定員

---

(4) 学説で有力な「処分・契約並存説」と呼ばれる解釈である。学説の動向については，古畑淳「私立保育所の廃止・民営化」賃金と社会保障 1501 号（2009 年）18 頁参照。

(5) 典型的には，子どもに障害がある場合でも，保護者が就労などしていなければ，保育所の入所要件に該当しないこととなる。ただし，自治体によっては，そうした場合も，障害がある子どもの入所を認めてきた。なお，支援制度のもとでも，「保育の必要性」の要件は，基本的に保護者の事由である（第 3 章 1 参照）。

が不足していることを理由に，入所要件非該当とすることは違法となる（東京地判1986年9月30日判時1218号93頁参照）。入所定員を超す申込みがある自治体では，保育所入所の優先順位の判断を行っており，この場合，保護者の就労状況（フルタイムの方が高得点）などを点数化して，高得点順に入所を優先する方式をとっている自治体が多かった。

認可保育所の不足などにより保育所保育ができない場合も，市町村は，家庭的保育事業による保育を行うなど「その他の適切な保護」を行うこととされていた（2012年改正前の児福24条1項ただし書）。この場合の「適切な保護」とは，保育所保育に代わるものだから，保育所保育と同水準の保育が実施される必要があったが，認可外保育施設のあっせんすらも行わず，「適切な保護」を行う義務を果たしていない自治体も少なくなかった。本来は，保育所で保育されるべき子どもが，認可保育所に入所できず「適切な保護」も行われてないまま放置されるという，違法状態が続いていたといえる（待機児童の発生）。都市部を中心に，こうした待機児童が増大して社会問題化したこと，それに対して，認可保育所の整備や保育士の増員・賃金改善といった抜本的な解決と条件整備はほとんどなされなかったことは前述したとおりである（第1章2参照）。

保育の実施は，市町村などが設置管理する公立保育所で行うのが基本だが，私立の認可保育所に委託することも可能であり，児童福祉法は，児童福祉施設（保育所）の長に対して「保育所における保育を行うことの委託を受けたときは，正当な理由がない限り，これを拒んではならない」（2012年改正前の46条の2）として，受諾義務を課していた。

委託をめぐる法律関係については，行政解釈では，市町村と私立保育所との間には，事実行為である保育の実施を委託する委託契約（準委任契約）が成立しており，私立保育所は，保育の実施を行う債務を，市町村との関係で負うが（履行の引受），私立保育所と保護者・保育に欠ける子どもとの間には，契約関係ないし権利義務関係は成立していないと解している。その理由は，保育の実施の内容は，市町村の入所決定と委託契約（保育所保育指針などの最低基準）により定まっており，これらの当事者間で取り決める余地がないことに求められている（いわゆる「二面関係説」）。しかし，こうした理由のみで，私立保育所と保護者などとの間に権利義務関係が一切成立していないと解するのは理論上困難であるだけでなく，実態にも即していない。市町村と私立保育所との委託契約の枠内で，とりわけ保育の質にかかわる債権債務関係が，私立保育所と保護者などとの間にも成立するとみることはできるからである。学説で有力な三面関係説では，この場合，市町村と私立保育所との間で第三者のためにする契約（民法537条）が成立しており，その効果として，保護者・子どもは入所している保育所に対し，保育の実施に関して権利主張することができると解されている[6]。委託をめぐる法律関係については，三面関係説が妥当であろう。

(3) 2008年児童福祉法改正による家庭的保育事業の法定化

一方，2008年の児童福祉法改正により，家庭的保育事業が法定化され（2010年4月から実施），旧児童福祉法24条1項ただし書きの「その他の適切な保護」の例として「家庭的保育事業による保育」の文言が加えられた。

家庭的保育事業は，3歳未満の保育を必要とする児童について，家庭的保育者（市町村長が行う研修を修了した保育士その他市町村が適当と認める者）が居宅その他の場所において，保育を行う事業である（児福6条の3第9号）。児童福祉法24条1項ただし書では「保育に対する需要の増大，児童の数の減少等」やむを得ない事由があるときは，市町村は，家庭的保育事業による保育を行うことなど，その他の適切な保護をしなければならないとされ，家庭的保育事業が，保育所保育の代替として位置づけられた。ただし，同事業は，あくまで，やむを得ない事由がある場合の例外的な措置の位置づけであり，旧児童福祉法上は「保育に欠ける」子どもについては，市町村が保育所保育を行うのが原則であった。

家庭的保育事業は，2012年の児童福祉法改正により，子ども・子育て支援法の制定に合わせて，定義が改められ，地域型保育事業の1つに位置づけられ，市町村からの委託ではなく，家庭的保育事業者と保護者との直接契約となっている（第4章2参照）。

---

(6) 加藤ほか289頁（前田雅子執筆）参照。

なお，保育所での延長保育は，保育所と保護者との契約関係によっており，民間の認可保育所の場合には，保育料も個別の保育所が徴収する。保護者の傷病・入院などにより一時的に保育を必要とする児童に対する一時預かり事業についても同様である（第１章6参照）。

⑷　旧制度の特徴――公的保育制度と子どもの保育を受ける権利

以上のように，2012年改正前の児童福祉法にもとづく保育所入所の仕組み（旧制度）に関しては，保護者（子ども）と市町村との契約（公的契約）という形態をとりながらも，市町村に保育の実施（現物給付）の義務がある点に大きな特徴がある。

旧制度のもとでは，保育所入所の申込みは市町村に行い，市町村の入所承諾（不承諾）は行政処分と構成され，保護者が負担する保育料も応能負担であり，その徴収も市町村が行っていた。申込みから実施，保育料の徴収に至るまで，市町村（行政）が関与する仕組みであり，旧制度が，公的保育制度といわれるゆえんである[7]。

公的保育制度の特徴は，①市町村が，保育に欠ける（保育を必要とする）子どもに対し，保育所保育の実施という現物給付義務を負い，私立保育所に保育の実施を委託する場合にも，当該保育所に対して公費による委託費が支給される施設補助方式をとっていること（現物給付・施設補助方式），②費用負担（保育料）は，保護者の所得に応じた応能負担を特徴とすること，③財源は，国・自治体の公費負担によること（税方式），にまとめることができる。

市町村が保育の実施義務を負うとする児童福祉法の構造から，児童福祉法には明文の規定はないが，「保育に欠ける」とされた子どもについては，その固有の権利として保育所保育を受ける権利があると解される[8]。横浜市立保育所廃止事件に関する最高裁判決（2009年11月26日民集63巻9号

---

(7)　公的保育制度の特徴と意義については，伊藤周平『保育制度改革と児童福祉法のゆくえ』（かもがわ出版，2010年）43頁以下参照。

(8)　同様の指摘に，松宮徹郎「ドイツにおける保育政策・制度の現状――子どもの権利を前面に立てた保育制度改革の内容」月刊保育情報410号（2011年）8頁参照。

2124頁）も「権利」とまではいっていないが，「特定の保育所で現に保育を受けている児童及びその保護者は，保育の実施期間が満了するまでの間は当該保育所における保育を受けることを期待し得る法的地位を有する」としている。

また，前述のように，保育所入所（入所承諾）の決定を行政処分ととらえるならば，保育に欠けると認定された子どもが保育所に入所できない場合，市町村に対し保育所入所決定の義務付け訴訟を提起することも可能である（行訴3条6項。気管に障害のある子どもの保育所への受け入れを拒否した市に対し，入所拒否処分は裁量権を逸脱し違法であるとし，保育所への入所承諾を義務づけた東京地判2006年10月25日判時1956号62頁参照）。

さらに，保育に欠けると認定された子どもは，その状態が続くかぎり，保育所保育を受ける権利があると解されるから，保護者が何らかの事情で保育料を滞納したとしても，子どもの保育を受ける権利は保障される。児童福祉法上，市町村に「保育に欠ける」子どもに対する保育の実施義務がある以上，保育料滞納を理由とした子どもの強制退所やその弟妹の入所拒否はできず，そのことは厚生労働省の通知（「保育所保育料の徴収状況に関する調査の結果について」2007年8月）でも明らかにされていた。そして，1997年の児童福祉法の改正にともなう通知で，保育所入所の事務処理が改定され，保育の実施期間は小学校就学の始期までとされた。したがって，少なくとも，小学校就学までは，子どもやその保護者には，選択した保育所で保育を受ける権利が保障され，そうした権利を侵害する公立保育所の統廃合は違法となる余地があった。

❸ 2012年改正後の児童福祉法における市町村の保育実施義務

(1) 児童福祉法24条1項の概要

ついで，2012年改正後の児童福祉法24条1項の内容と特徴について検討する。

第1に，児童福祉法24条1項では，前述のように，保育所入所要件が「保育に欠ける」から「保育を必要とする」に変更されたが，保育所を利用する子どもに対する市町村の保育の実施義務は維持された。ただし，市町村による保育の実施が，児童福祉法のみならず「子ども・子育て支援法の定めるところ」によると規定されたため，支援制度のもとでの保育所利用の手続きについては，支給認定が必要になるなどの変更が加わっている（以下「保育所方式」という。図表2－1）。

2012年改正時の政府資料の「地方自治体職員向けQ＆A」（2012年9月）では「児童福祉法24条1項に規定されている保育所での保育に関しては，（子ども・子育て支援）新制度の下でも，引き続き，現在の制度と同様に，市町村が保育の実施義務を担うことにしました」と記され（かっこは筆者），「保護者が保育所での保育を希望する場合は，現在と同様，施設ではなく市町村に申込み，保護者が市町村と契約して利用する仕組み」となり，「私立保育所に対しては，保育の実施義務を担う市町村から委託費が支払われ，保育料の徴収も市町村が行うこととします」と説明されている。つまり，保育所の場合は，保護者が保育の実施義務を負う市町村と契約を結ぶ仕組みとなるため，私立保育所でも，市町村に保育所利用の申込みをすることになり，保育料の徴収も市町村が行う形となる。一方で，公立保育所は，認定こども園などと同様，施設に直接申込みする直接契約方式に類型化されている（内閣府・文部科学省・厚生労働省「子ども・子育て関連3法について」2012年11月）。しかし，この説明は，前述の「地方自

図表2－1　保育所方式（私立保育所の場合）

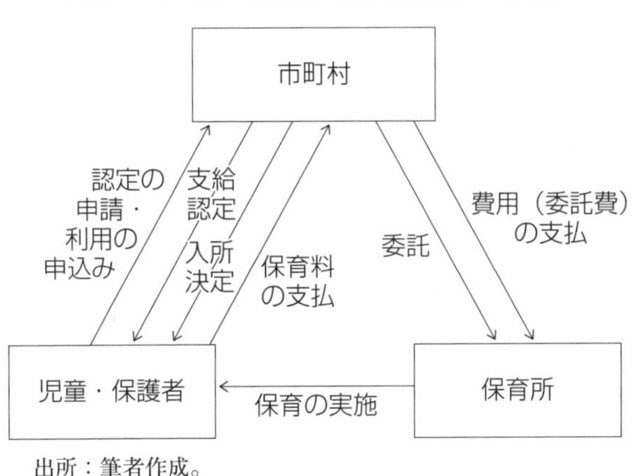

出所：筆者作成。

治体職員向けＱ＆Ａ」の記述と矛盾しており，誤りといえる。公立保育所の場合も，私立保育所と同様，施設ではなく，市町村の窓口に申込むことが基本になるからである。

児童福祉法24条1項の規定を受けて，私立保育所については，市町村が保育所に委託費を支払うものとされたが，委託費の支払いについては，子ども・子育て支援法の附則に盛り込まれ，「当分の間」とされた（子育て支援附則6条1項)。したがって，代理受領方式を定めた子ども・子育て支援法27条の規定は，保育所については適用されない。

(2) 児童福祉法24条1項ただし書きの削除

第2に，認可保育所の不足などで保育所保育ができない「やむを得ない事由」がある場合も，市町村は，家庭的保育事業による保育を行うなど「その他の適切な保護」を行う義務があることを定めた児童福祉法24条1項ただし書きは，2012年改正により削除された。

ただし書きが削除されたのは，政府の説明では，児童福祉法24条1項に「次項（24条2項）の定めるところによるほか」と規定され（かっこは筆者)，保育所保育を原則とする旧制度と異なり，支援制度では，認定こども園や家庭的保育事業など，保育所以外の多様な保育施設・事業が並存しており，保護者が，それらの中から希望の施設・事業を選択することができることを踏まえたためとされている(9)。同時に，子ども・子育て支援法33条1項により，特定教育・保育施設の設置者に課せられる応諾義務(「正当な理由」がなければ利用申込みを拒めない義務，逆にいえば，定員に空きがないなど「正当な理由」があれば，利用申込みを拒める）も，同条2項の選考規定も，当分の間は適用されない（子育て支援附則6条2項)。また，市町村が保育所利用を決定し，私立保育所には委託して保育を行うという方式をとることから，応諾義務規定も適用されない。

とはいえ，児童福祉法24条1項の文言を素直に読めば，ただし書きは

(9) 筆者を含めた保育団体と内閣府・厚生労働省との懇談の場（2014年9月9日）での厚生労働省担当者の発言による。

ないのだから，定員以上の申込みがあった場合の保育所利用の選考にもれても，定員に空きがなくても，どうしても，特定の保育所を利用したいという保護者が出てきた場合（たとえば，その子のきょうだいがその保育所を利用している場合など），文言上，市町村は，必ず保育所で保育しなければならなくなる可能性がある。その場合は，市町村は，保育所定員に空きがないなどとの言い訳は通用しなくなる。その意味では，市町村の保育義務は強化されたとの見解もある(10)。旧制度のように，保育所が不足していても，市町村が保育所保育に代わる「適切な保護」をすれば，それで市町村の義務が果たされるという解釈は成り立たなくなるからである。同様に，保育所の不足を理由とする利用申込みの拒否は違法とされる可能性がある。これらの点は，今後さらなる検討が必要と考えるが，少なくとも，保育所を利用している（しようとしている）子ども・保護者にとっては，24条1項は，有効な権利主張の根拠となりうる。もっとも，大半の保護者は，保育所定員に空きがなければ，保育所入所はあきらめ，別の認定こども園や家庭的保育事業の利用を考えるだろうし，市町村も，後述の利用調整の場面において，それを勧めるだろう。

一方で，旧ただし書きの「その他適切な保護」とは，保育所保育の代替保育を意味するから，市町村は，保育所保育と同水準の保育を提供する義務があったはずである。しかし，前述のように，多くの市町村では，保育士資格者の少ない認可外保育施設の紹介や情報提供のみですませてきた実態があった。こうした実態は，法令解釈を誤った違法な運用であったと考えるが，行政解釈も，そうした実態を許容する曖昧な解釈を示してきたため(11)，是正されることなく続いてきた。

ただし書きの削除については，従来の「その他の適切な措置」のあいまいな解釈からすれば，保育サービスの受給権の確保という観点から前進し

---

(10)　田村和之「子ども・子育て関連3法の問題点──改正児童福祉法24条1項による保育の実施について」月刊保育情報449号（2014年）16頁参照。

(11)　児童福祉法規研究会180頁は，「その他の適切な保護」の具体例として，家庭内保育（いわゆる「保育ママ」）による対応や一定の質が確保された認可外保育施設に対するあっせん，さらには認可外保育施設についての情報提供も挙げていた。

たと評価する見解[12]や，保育所保育が提供できない場合，市町村は，認定こども園あるいは家庭的保育事業等による保育を確保するために必要な措置を講じる必要があり，従来の「その他の適切な保護」より，市町村の裁量が限定され，質の保障された保育を受給できる可能性が高まったと評価する見解[13]もある。しかし，ただし書きが削除されたことにより，市町村の利用調整によっても，なお保育施設等に入所できず，保育の提供がなされない（保育利用の権利が保障されない）子どもには，もはや市町村には何の義務も生じないし（市町村に「代替保育」を行う義務はない），保護者の側も何ら法的救済の手立てはなくなった。また，支援制度のもとでの家庭的保育事業等では保育士資格のない者による保育が認められたことが，質の保障された保育といえるのかなど，これらの見解には疑問が残る。

(3) 「申込み」規定の削除と定員超過申込みの場合の選考

第3に，児童福祉法24条1項は，2012年改正前の条文にあった保護者からの申込み（改正前の24条2項は，それを受けて申込書の提出を定めていた）の規定を置いていない。

改正前の「申込み」の文言は，1997年の児童福祉法改正の際に挿入されたが，これにより，保育所入所の法的関係が市町村と保護者との公法上の契約になった，さらには保護者の申請権が明確化されたなどの説明がなされた。もっとも，行政実務上は，保護者からの保育所入所の申込みは当然の前提として運用されており，行政法学でも，申請は明文上の定めがある必要はなく，法令の解釈により認められればよいとするのが通説である。以上のことから，「申込み」という文言の不在は，保護者の申請権を否定するものではなく，支援制度のもとでも，市町村の保育実施義務（保育所利用の決定権限）が規定されている以上，それに対応する保護者の「申込み」と申請権が前提とされていると解される[14]。

---

(12)　菊池馨実『社会保障法〔第3版〕』（有斐閣，2022年）497頁参照。
(13)　倉田賀世「乳幼児と保育の質」週刊社会保障2912号（2017年）54頁参照。
(14)　木下秀雄「『新システム』と保育を受ける権利——子ども・子育て支援法と修正された児童福祉法改正法の検討」学童保育研究13号（2012年）82頁参照。

支援制度でも，保護者からの申込みに対し，特定の保育所において定員を超える希望が集まり，選考が必要となる可能性があるが，児童福祉法24条には，従来の児童福祉法24条3項以下のように「選考」に関する規定が置かれていない（前述のように，子育て支援附則6条2項により，特定教育・保育施設の設置者が行う「選考」に関する規定も適用されない)。この点についても，法律上の規定がなければ，選考ができないと解する必要はなく，保育所利用の決定権限過程の問題として，当然に市町村による選考が前提とされていると解される。もしくは，児童福祉法24条7項の市町村の行う「調整」に，こうした選考が含まれると解することもできる。

(4)　市町村の保育実施義務の内容

第4に，2012年改正後の市町村の保育実施義務の内容が問題となる。

2012年改正後に保育所申込の入所拒否が裁判で争われた三鷹市保育所入所拒否にかかる損害賠償請求裁判において，第1審判決（東京地立川支判2016年7月28日賃社1678号64頁）および控訴審判決（東京高判2017年1月25日賃社1678号64頁）は，いずれも原告の損害賠償請求を退けた。このうち，東京高裁判決は，保育所の定員を上回る需要があることを理由に，保護者の希望する保育所への入所を不承諾としても，児童福祉法24条1項に定められている市町村の義務に違反したといえないとした。

これらの判決の理解に従えば，支援制度のもとで市町村に課せられている保育実施義務は，保育所の定員（受け入れ可能数）の範囲内の子どもにしか及ばないもので，定員不足の場合，市町村は適正な選考を行えば，選考の結果，保育所に入れない子ども（待機児童）が生じても，保育実施義務に違反したことにならず，何ら違法性はないということになる。しかも，児童福祉法24条1項のただし書きは削除されているので，市町村には「代替保育」をとる義務もない。これでは市町村の保育実施義務は，保育所定員が充足されていない場合には，なんら法的意味がない単なる訓示規定にすぎなくなる。

しかし，こうした両判決の児童福祉法24条1項の解釈は，市町村の保育実施義務を維持した改正の趣旨に反する。また，国会における修正法案提出者の説明でも，2012年改正により，市町村の保育実施義務は後退することはないとされており（内閣府「地方自治体職員向けQ＆A」2012年9月），両判決のような改正法の解釈では，市町村の保育実施義務は弱体化されたことになり，誤りというほかない[15]。

⑸ 児童福祉法24条2項──直接契約方式

一方，児童福祉法24条2項は「市町村は，前項に規定する児童に対し，……認定こども園又は家庭的保育事業等により必要な保育を確保するための措置を講じなければならない」（かっこ書省略）と規定する。同条項によれば，認定こども園や家庭的保育事業を利用する場合の市町村の義務は，保育を必要とする子ども（前項に規定する児童）に対して，認定こども園や家庭的保育事業などにより必要な保育を提供するための「措置」を講じる義務である。ここにいう「措置」は，従来の措置入所や後述する児童福祉法24条5項の規定による「措置」とは異なり「手段・方法」という意味で用いられており，直接的な保育の実施（現物給付）義務ではない。したがって，かりに市町村がこれらの措置（義務）を履行しなかったからといって，保護者から不服申し立てや行政訴訟を提起することはできないと解される。その意味では，児童福祉法24条2項の市町村の義務は，法的に履行を強制することができる法的義務ではなく，努力義務といえる[16]。

子ども・子育て支援法では，支給認定を受けた子どもの保護者が，認定こども園（特定教育・保育施設）や地域型保育事業者（家庭的保育事業など）と契約を結び（直接契約方式），それらを利用した場合に，市町村は，保護者に対し施設型給付費や地域型保育給付費を支給するとしており（子育て支援27条，29条1項），直接契約方式をとる認定こども園や家庭的保育事業などの利用は，子ども・子育て支援法の規定によることになる。つまり，保育を必要とする子どもが保育所を利用する場合は，児童福祉法24条1項により，市町村が保育の実施義務を負うが，直接契約の施設・事業者

---

(15) 同様の指摘に，田村和之「市町村の『保育の実施義務』について」田村ほか43頁参照。

(16) 同様の解釈に，田村・前掲注(10)17頁参照。

(以下「直接契約施設・事業者」という）を利用する場合は，同条２項により，同じ保育を必要とすると認定された子どもであっても，保育の実施義務を負うのは，契約の当事者である当該施設・事業者であり，保育料の徴収も施設・事業者が行うことになる。この場合，市町村は直接的な保育の実施義務はなく，保育の提供を図るための措置（諸手段）を講じる義務を負うにすぎない。

いずれにせよ，児童福祉法24条２項は，１項とは異なる利用方式と市町村責任を定めている。結果として，保育所を利用する場合には，前述のように，保育を必要とする子どもおよび保護者の側に保育利用の権利が観念できるのに対して，認定こども園や地域型保育事業を利用する場合には，市町村に保育実施義務はないから，市町村との関係では，保育を必要とする子どもおよび保護者には保育利用の権利は観念できないこととなる。

なお，行政解釈では，児童福祉法24条２項の規定は，改正前の（現行）24条１項ただし書きに該当すると説明し，認可保育所が利用できない場合には，２項により認定こども園などが利用できるように「あっせん」することで市町村の責任は果たせるとされているが，妥当とはいえない。24条１項と２項は，あくまでも並列的な条文であり，市町村は，１項の責任と２項の責任を同時に果たさなくてはならず，２項の存在により１項の責任が狭められるわけではないからである。こうした解釈は，児童福祉法24条１項の市町村責任による保育所保育の規定を形骸化するものであり，立法者意思にも反している。

４ 市町村による利用調整・利用要請

(1)　市町村による利用調整・利用要請の仕組み

一方，児童福祉法24条３項は，保育の需要に対して保育所や認定こども園，家庭的保育事業などが不足するおそれがある場合その他必要と認められる場合に，市町村が利用調整や利用の要請を行う旨を定めている。市町村による利用調整・利用要請の規定である。

支援制度のもとでは，保育所以外の認定こども園などの直接契約施設・事業者を利用する場合には，保護者は施設・事業者に直接利用の申込みを行うのが基本となるが，待機児童が多数存在するなど保育需要が供給を上回っている市町村では，利用申込みが殺到し早い者順となり，保育の必要度の高い人が排除され公平性に欠ける事態が生じる可能性があったため，市町村の利用調整や利用要請の仕組みが規定された。内閣府政策統括官・

図表2-2　保育を必要とする場合の利用までの手続き

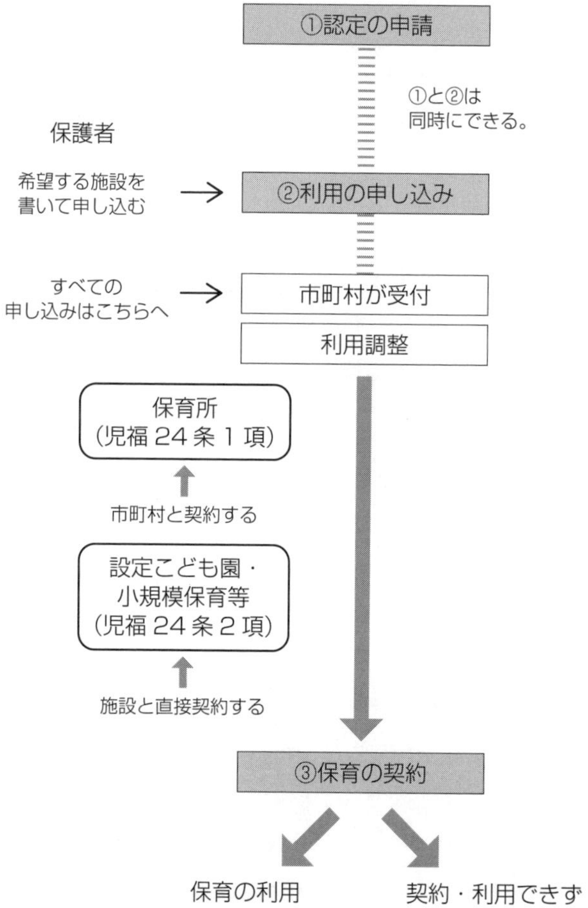

出所：全国保育団体連絡会パンフレット「よりよい保育の実現をめぜして──子ども・子育て支援新制度改善の課題」(2014年11月) 7頁をもとに作成。

厚生労働省雇用機会均等・児童家庭局連名通知「児童福祉法に基づく保育所等の利用調整の取り扱いについて」(2015年２月３日）は「利用定員を上回る場合，特定教育・保育施設等は，保育の必要度の高い順に受け入れることが求められている。そのため，市町村がすべての特定教育・保育施設等に係る利用調整を行う」こととされ，保護者が，市町村に利用申込みをせず，認定こども園などに直接利用申込みを行った場合には，施設・事業者側が，利用申込みを拒否しても，応諾義務違反に該当しないとされた(「自治体向けFAQ・第５版」2014年12月)。

さらに進んで，支援制度では，当分の間，すべての市町村で，認定こども園など，直接契約施設・事業者を利用する場合にも，保育を必要とする子どもについては，市町村に利用申込みを行わせ，定員超過の場合は，市町村が利用希望者の選考を行い，利用施設・事業者を決めて保護者に提示する利用調整の仕組みを採用した（児福附則73条１項による同法24条３項の読み替え)。つまり，すべての市町村で，市町村の利用調整といいつつ，市町村が優先順位をつけた選考を行い，保育所や認定こども園などへの振り分けを行う仕組みが採用されたのである（図表２－２)。

(2)　市町村の利用調整・利用要請の法的性格

ここで，市町村の行う利用調整の法的性格が問題となる。保育所の場合には，市町村が保育の実施義務を負い，市町村と保護者・子どもとの契約という利用方式がとられているため，市町村に利用の申込を行い，市町村が定員超過の場合には選考を行い，利用決定を行うことに問題はない。しかし，直接契約施設・事業者を利用する場合には，保育所の利用と同じく「保育の利用」とひとくくりにされているが，市町村は利用契約の当事者ではない。利用契約は，あくまでも直接契約施設・事業者と保護者と間に結ばれるものであり，定員超過の場合の選考も，利用契約の締結（利用決定）も直接契約施設・事業者が行うべきものである。契約当事者ではない，それゆえに利用契約の締結権限をもたない市町村が，利用の申込みについて一括して受け付けることはありうるにしても，定員超過の場合の選考まで実施し，事実上の利用決定を行うことは，法的には説明ができない。

法的にみれば，市町村が行う利用調整は，定員に空きがあり利用可能な施設・事業者をあっせん・紹介するなどの行政指導（行手2条6号）と解され，直接契約施設・事業者に保護者との契約締結を要請するにとどまる[17]。契約当事者でない市町村は，応諾義務の規定を根拠にしたとしても，施設・事業者に保護者との契約締結を強制することなどできないからである。そして，市町村の利用調整が行政指導であれば，保護者の側も，市町村の行う利用調整に従う義務はない。

(3) 市町村の利用調整・利用要請の法的問題

とはいえ，市町村の行う利用調整は行政指導にすぎず，保護者には，それに従う義務もなければ，利用調整を受けなければならない義務もないと解すると，保育所不足の場合に，市町村に期待されている利用調整（より具体的には，保育所や認定こども園・地域型保育事業への振り分け）は，事実上形骸化する。そのため，政府（当時の内閣府・厚生労働省）は，市町村は利用調整の過程において利用希望者の選考を行うこと，調整および要請に対する協力義務が直接契約施設・事業者に課されていること（児福46条の2第2項）から，利用調整を強制力のある行政処分，不服申立ての対象となる「処分」（行政不服審査法2条1項）と解している[18]。したがって，保護者が市町村の利用調整の結果に不服がある場合には，不服申立てを行い，場合によっては行政訴訟を提起することができる。

確かに，行政指導であっても，これに従わなければ，国民の側に実質的

---

(17) 田村和之「子ども・子育て関連3法に関する若干の疑問――保育の利用に関して」週刊社会保障2757号（2013年）7頁は，市町村の利用調整は，異なる内容・手続きを定める2法律（子ども・子育て支援法と改正児童福祉法）を実施していく上で必要な「行政手続きの統合」を図ろうとする意図から考え出されたものに違いないが，行政指導では達成しがたいものがあると指摘している。

(18) 厚生労働省の石井淳子雇用均等・児童家庭局長（当時）は「（支援制度の）利用手続きの中で，利用者が例えば自らの希望に沿わない調整結果になった場合，これは市町村に対してその調整結果について異議申立て（不服申立てのこと）を行うことが新制度（支援制度）上想定をされ，また可能と考えております。」（かっこは筆者）との委員会答弁を行っている（『第183回国会参議院厚生労働委員会会議録』2013年3月21日）。

な不利益（法的な不利益）が生じると考えられる場合には，例外的に，これを行政処分と解した裁判例もある（医療法にもとづく保険医療機関の指定の申請拒否を前提とした病院開設中止勧告につき，最判2005年7月15日民集59巻6号1661頁参照）。しかし，直接契約施設・事業における定員超の場合の選考も，利用調整の名目で市町村が行うとなれば，もはや支援制度が基本とする直接契約方式を逸脱しており，法律の明文の根拠が必要と考える。法律の根拠規定もなく，通知や解釈で，こうした運用を行うのは，あまりに強引な制度運用であり，法治主義の原則，「法律による行政の原理」に反するからである。

そもそも，保育施設などが不足している状況で，直接契約方式を採用すれば，先の通知がいうように，保育の必要度の高い人が排除され公平性に欠ける事態が生じること，それゆえに，直接契約方式の導入に問題があったことは明らかである。そうであれば，保育所と同様に，認定こども園や地域型保育事業についても，市町村が保育の実施義務を負い，市町村との契約という方式をとり，そのうえで，定員超過の場合は，市町村が保育の必要度の高い順に選考を行う形とすべきであった。

何よりも，利用可能な施設・事業者（保育施設）が不足していれば，紹介などの利用調整そのものができない。児童福祉法24条7項には，市町村は「児童が，その置かれている環境等に応じて，必要な保育を受けることができるよう，保育を行う事業その他児童の福祉を増進することを目的とする事業を行う者の活動の連携及び調整を図る等地域の実情に応じた体制の整備を行うものとする」との規定が置かれてはいるが，市町村の責務は「連携及び調整を図る」責務でしかなく，法的強制力がある義務とはいえない。保育供給体制の整備について，市町村が法的義務を負っているとはいいがたいのである。

5 特別な支援を必要とする子どもに対する支援と困難児童に対する措置

(1)　特別な支援を必要とする子どもに対する支援

ついで，児童福祉法24条4項・5項は，特別な支援を必要とする子どもに対する支援を定めている。

児童福祉法24条4項は，市町村は①保育の利用や後述する措置が適当であると認められる子どもや②優先的に保育が必要であると認められる子どもの「保護者に対し」て「保育所」等への「申込みを勧奨し」，それらの子どもが「保育を受けることができるよう支援しなければならない」と規定している。これらの支援の対象となる①の子どもは，都道府県の設置する福祉事務所の長と児童相談所長が認定し，市町村長に報告または通知し（児福25条の8第3号，26条1項4号），②の子どもは，市町村長が認定することになる。

ただし，この場合の市町村が行う申込みの勧奨や支援も，前述の利用調整や利用要請と同様，行政指導であり，強制力を伴うものではない。市町村による勧奨の結果，保護者が申込みをしない場合（とくに虐待事例の場合など），つまり保育の利用が必要と判断されるにもかかわらず，保護者が進んで保育の利用をしない場合や虐待予防の観点から保育の利用が必要と判断される場合などは，次の措置の段階に進むこととなる。あくまでも契約利用を優先させる仕組みになっており，措置はきわめて例外的な扱いとされている。

なお，優先利用の子どもについては，実務的には，特定教育・保育施設や事業者の利用定員に一定数の優先利用枠を設定することが考えられる。優先利用の場合は，認定証にその旨が明示されるので，市町村からの利用要請などを受けた特定教育・保育施設（保育所の場合は市町村）などは，優先利用枠で保護者と契約を結ぶことになる。しかし，この仕組みだと，優先利用枠を超えた申込みや利用要請があった場合には，さらなる調整が必要となる。そのためか，市町村は，特別な支援を必要とする子どものため，地域における学校教育・保育の需要の見込みおよび見込量確保のための方策を市町村子ども・子育て支援事業計画に明記することとされている。公立保育所がこれら特別な支援を必要とする子どもの受け皿として想定されているが，こうした差別化には，子どもの立場からみて問題がある(19)。

---

(19) この問題について詳しくは，伊藤・子育て支援法156-157頁参照。

⑵　困難児童に対する措置

これに対して，児童福祉法24条5項は，市町村が，それらの「勧奨及び支援を行つても，なおやむを得ない事由」により，保育所などの利用が「著しく困難であると認める」ときは，その子ども（以下「困難児童」という）を「市町村の設置する保育所」等に入所させ，または入所を委託して「保育を行わなければならない」と規定している。5項では「措置」という言葉は使われていないが，児童福祉法25条の8第3号において「第24条第5項の規定による措置」とされているので，措置による入所といってよい。

また，児童福祉法24条6項は，市町村は「前項に定めるほか，保育を必要とする乳児・幼児」が，子ども・子育て支援法42条1項または54条1項の規定によるあっせん，利用の要請その他市町村による支援等を受けたにもかかわらず，「なお保育が利用できないなど，やむを得ない事由により」子ども・子育て支援法による保育を受けることが「著しく困難であると認める」場合について「市町村の設置する保育所」等に入所させ，または入所を委託して保育を行うなどの「措置を採ることができる」と規定している。法案の修正案にあった市町村による措置の対象範囲の拡大（虐待が疑われるケースだけでなく，あっせん・要請による円滑な入所ができない場合にも拡大）に対応した規定である。ただし，6項は「できる」規定のため，措置を採るかどうかは市町村の裁量に委ねられている。

児童福祉法24条5・6項の措置は，保護者からの申込みを前提とせず，市町村の職権で，保育所入所や保育の利用がなされることになるが，問題はそれが十分に機能するかである。

⑶　老人福祉法における「福祉の措置」の形骸化

介護保険の例でみると，老人福祉法は「福祉の措置」として，居宅における介護および老人ホームへの入所を市町村の責任で行うことを規定している。介護保険法施行により，これらの措置に該当するサービスは保険給付の対象となったが，65歳以上で身体上または精神上の障害があるために日常生活や在宅生活が困難な高齢者が，やむを得ない事由により，介護保険サービスを利用することが「著しく困難であると認めるとき」は，市町村は，職権でこれらの措置を実施することとなる（老福10条の4，11条）。福祉の措置が行われた場合は，市町村は介護事業者に措置費を支払い，措置対象者（または扶養義務者）から，その負担能力に応じて費用徴収することされており（同28条），介護保険の応益負担原則と異なり，ここでは応能負担の原則が貫かれている点に特徴がある。

行政実務では，前記の「やむを得ない事由」は，①高齢者本人が家族等の虐待・無視をうけている場合，②認知症等の理由で判断能力が低下しており，かつ本人を代理する家族等がいない場合（①②の要件につき，大阪地判2019年7月26日判例自治466号87頁参照），③家族が年金を本人に渡さないため，本人が介護保険の利用者負担を負担できない場合，④本人が指定医の受診を拒んでいるため要介護認定ができない場合，など限定的に解されている。そして，これらの場合も，特別養護老人ホームへの入所等で家族等の虐待・無視の状況から離脱し，または成年後見人制度等にもとづき，本人を代理する補助人等を活用することができる状態となり，利用の契約等が可能となった時点で措置が解消され，通常の契約による介護保険サービスの利用に移行するとしている。

もっとも，老人福祉法の規定を字義どおりに解釈すれば，「やむを得ない事由」を行政解釈のように限定する必然性はなく，「身体上又は精神上の障害があるために日常生活を営むのに支障のある」高齢者が生活困窮のために，利用者負担ができず，必要なサービスを利用することが困難なような場合も「やむを得ない事由」で介護保険のサービスを利用することが著しく困難な場合に当たり，市町村による措置が可能ではないかと思われる。とくに特別養護老人ホームへの入所の場合には，市町村が「措置を採らなければならない」と規定されており（老福11条1項），当該要件に該当する場合には，入所措置義務が市町村に生じると解される[20]。しかも，居宅介護の措置は，介護保険法上の保険給付等を受ける者に限定されているが（老人福祉法施行令5条），入所措置には，そうした制限が設けられて

---

(20)　詳しくは，伊藤・介護保険法77頁参照。

いないので，介護保険の給付対象でない高齢者も措置の対象となると解される[21]。また，成年後見制度等の利用が必要な場合には，それを徹底させるとともに，後見人などが選任されるまで，サービスの中断なしに同制度につなげていくためにも，福祉の措置が積極的に活用される必要がある。

しかし，現実には，介護保険法施行後，老人福祉法による措置がなされた事例はわずかにとどまっている。措置制度が廃止されたという誤解からか，2000年度から措置の予算的裏付けをしていない市町村も多く，高齢者担当の自治体ケースワーカーが激減し，市町村の福祉機能が大きく低下したため，老人福祉法の「福祉の措置」は形骸化しているのが現状である。市町村の措置義務は，法制度全体として市町村に現物給付義務が残されていないと，部分的に残っているだけでは，十分機能しえないのである。

支援制度では，保育所利用の子どもについて，市町村の保育実施（現物給付）義務が残っているため，老人福祉法の「福祉の措置」のような形骸化は生じにくいと考えられる。それゆえ，今後，市町村の保育実施義務がはずされることのないよう注視が必要であろう。

6 子どもの保育利用の権利からみた市町村の保育実施義務と今後の課題

(1)　子どもの保育利用の権利の内容

以上のように，支援制度のもとでも，保育所利用については，市町村の保育実施義務が維持されていることから，それに対応する形で，保育所利用の子ども（保護者）に関しては，保育を受ける権利，もしくは保育利用の権利が，旧制度と同様に認められると考えられる。

そして，児童福祉法24条１項の条文形式とこれまでの裁判例から，保育利用の権利は，①保育を必要とする子どもおよびその保護者が，市町村に対し保育所保育を求める権利（保育所保育請求権），②保護者が，市町村に対して保育所保育を申込む（申請する）権利（申請権），④申込み（申請）にあたり，保護者が，利用する保育所を選択する権利（保育所選択権），

(21)　加藤ほか312頁（前田雅子執筆）参照。

⑤選択した保育所の入所希望者が定員を超過しているなどに，公正な方法で選考を受ける権利，⑥市町村による保育所保育の実施決定（承諾）によって，保育を必要とする子どもが，保育の実施期間が終了するまで，決定された（もしくは保護者が選択した）保育所において保育を受ける権利(最判2009年11月26日民集63巻9号2124頁参照)，から構成されると解される。

支援制度のもとでも，⑥の権利については，保育の実施期間が支給認定の有効期間に置き換わることになる（支援制度の支給認定の有効期間と現在の保育実施期間との関係については，第3章4参照)。また，とりわけ保護者の権利という点からいえば，保護者の保育所選択権が課題となろう。支援制度になっても，多くの保護者は，保育条件の整った保育所を選択・希望している。こうした保護者の保育所選択権は，尊重されなければならず，たとえば，市町村が，利用調整の段階で，保育所のみを希望している保護者に，保育所以外の認定こども園などの希望を記さないと申込みを受け付けないとしたり，保育所以外の施設を利用するよう圧力をかけたりすることは，保護者の保育所選択権の侵害にあたり違法となる。

(2) 子どもの保育利用の権利からみた児童福祉法24条1項と2項との相違

子どもの保育利用の権利という観点からすれば，支援制度では，児童福祉法24条1項と2項とで，市町村の保育実施義務に相違があるという問題がある。

前述のように，児童福祉法24条1項と2項とでは，市町村の義務の内容が異なっており，このことは，保育が必要と認定された子どものうち，保育所を利用する子どもには，市町村が保育実施義務を負うのに対して，認定こども園など直接契約施設・事業者を利用する（せざるをえなかった）子どもには，市町村は保育の実施義務を負わないということになり，子どもの保育利用の権利に格差を持ち込むことを意味する(22)。

(22) 児童福祉法24条1項と2項とで，市町村の果たすべき義務の内容に違いがあると法的救済の面でも格差が生じる。保育所利用の場合には，市町村の保育所入所不承諾（行政処分）に対して，義務付けの訴え（行訴３条６項１号）や仮の義務付けの申立て（行訴37条の５第１項）が可能となる。保育所退園処分（保育の実施の解除処分）についても，従来は行政手続法の意見陳述のための手続は適用除外とされていたが，2012年改正によって，旧児童福祉法33条の４と33条の５の規定にあった「保育の実施の解除」の文言が削除されたため，行政手続法所要の聴聞手続（13条１項ロ）が必要となった（補論３参照）。これに対して，直接契約施設・事業者による利用拒否については，保育所のように，保護者が行政訴訟に訴えて利用を義務付けることはできず，契約解除による退園についても聴聞手続の履践が要求されるわけでもなく，保育所に比べ，子ども・保護者の手続保障・権利救済が十分とはいえない。

もっとも，児童福祉法24条２項の「必要な保育を確保するための措置」について，保育所以外の認定こども園や家庭的保育事業等の整備・確保のための財政措置だけでなく，「必要な保育」そのものを確保する措置を講じる義務であり，24条１項の保育所保育の実施義務に代わる代替的保育義務と解する見解もある[23]。この見解では，市町村は，保育所のみならず，認定こども園や家庭的保育事業等を利用する子どもに対しても保育実施義務を負うこととなる。認定こども園や家庭的保育事業等の利用希望を市町村に提出させており，認定こども園や家庭的保育事業等の利用も市町村の事務に該当すると解されることなどを根拠とする。しかし，前述のように，支援制度導入の目的が，市町村の保育実施義務をなくすことにあったこと，その目的に沿って，当初は，児童福祉法24条１項の文言が現行の24条２項と同じ「必要な保育を確保するための措置」と改正され

いうことは，それぞれ別個の義務であり，市町村は，２項の義務を果たしたからといって，１項の義務を免れるわけではない。したがって，保護者が，保育所を希望しているのに入れず，市町村による利用調整の結果，やむなく別の直接契約施設などを利用することになっても，保育所利用を希望し続け，保育所に入れなかったことを不服として，市町村に不服申立てし，場合によっては，行政訴訟に訴えることは，支援制度のもとでも可能と解される。

(23)　田村和之「市町村の『保育の実施義務』」田村ほか105-109頁参照。

ていたが，法案審議の過程で，市町村の保育実施義務を復活すべく，「保育所において保育しなければならない」と書き換えられたこと，2012年改正の児童福祉法24条が，個人給付・直接契約方式を基本とする子ども・子育て支援法を前提としており，保育所利用の場合のみが，附則により個人給付・直接契約方式の例外と位置づけられていることいることから，児童福祉法24条2項に，市町村の直接的な保育実施義務（それが保育所保育の実施に代わる代替義務であっても）を読み取ることには無理がある。次に見るように，児童福祉法の改正が必要である。

(3) 今後の課題

第1章でもみたように，支援制度導入の目的は，従来の公的保育制度（施設補助方式，自治体責任による入所・利用の仕組み）を，介護保険法や障害者総合支援法のような個人給付・直接契約方式（保護者の自己責任による保育利用の仕組み）に変えることにあった。しかし，多くの保育関係者の運動によって，法案修正の段階で，保育所利用の子どもに対する市町村の保育実施義務が維持された。その意味で，法理論的には，児童福祉法24条1項に，市町村の保育実施義務が規定された意義を確認するとともに，児童福祉法24条1項を形骸化するような行政解釈をさせず，立法者意思に即した解釈を定着させることが必要となろう。

当面の課題としては，法的な整合性をとるため，児童福祉法24条2項を改正し，「保育しなければならない」の文言とし，認定こども園や家庭的保育事業等を利用する子どもについても，保育所利用の子どもと同様に，市町村が保育の実施義務をもつ形とすべきである。その上で，将来的には，子ども・子育て支援法を廃止し，児童福祉法に一元化し，同法に，子どもの保育利用の権利を明記するとともに，子どもの保育や障害児の療育については，市町村が保育の実施義務をもつ方式に統一させるべきと考える。

ただし，保育利用の権利が法律に明記されても，現実にそれが保障されるためには，保育所など保育施設が整備されていなくてはならない。この点，ドイツでは，社会法典において，①1歳未満児について，親の就労などを要件として「保育施設」または「家庭的保育」を受ける権利，②満1

歳から満３歳未満児について，年齢のみを要件として「保育施設」または「家庭的保育」を受ける権利，満３歳から就学前までの子どもについて，「保育施設」に通所する権利を定めている（８編24条)。子どもの保育を受ける権利を法律に明記し保障することで，保育施設等の拡充を図るという手法が用いられている(24)。同法典は，連邦法であり，ドイツにおける保育に関する基本法として，各州政府はその拘束を受け，かりに，各州政府が保育施設を整備することを怠り，子どもが保育施設等に入れないような事態が生じた場合には，権利侵害として，各州政府が損害賠償責任を問われうる。実際に，日本の最高裁にあたるドイツ連邦通常裁判所は，子どもの預け先がみつからず，仕事に復帰できなかった夫婦に対し，州政府は，その所得喪失分を補塡しなければならないとの判決（2016年10月20日）を下している(25)。各州政府は，保育を希望する子どもに対して保育施設を提供できなければ，損害賠償を請求されるおそれがあるため，保育施設を整備せざるをえなくなるわけである。

日本でも，児童福祉法に，子どもの保育利用の権利（保育請求権）が明記されれば，各自治体は，保育施設の整備をせざるを得なくなるだろうが，司法に訴える事例がドイツほど多くないことを考えると，まずは市町村の保育施設整備義務および国・都道府県の整備にかかる財政支援義務について児童福祉法に明記する必要がある。そのうえで，将来的には，市町村の保育実施義務を前提としつつ，ドイツのように，１歳以上のすべての子どもについて，保護者の就労等に関わりなく（年齢のみを要件とし)，保育を受ける権利を認めるべきと考える。その場合，１歳から就学前までの子どもに対する保育提供は，現在の就学児に対する義務教育の提供と同じ意味をもつことになる。

その一方で，改正子ども・子育て支援法が成立し，2026年度から，市町村が保育実施義務を負わない個人給付・直接契約方式で，しかも子ども・子育て支援金という社会保険料を財源に組み込んで，保護者の就労の

---

(24)　松宮・前掲注(8)7頁参照。

(25)　同判決について詳しくは，木下秀雄「『保育』施設未入所について損害賠償を命じたドイツ連邦通常裁判所判決――日本法に示唆するもの」田村ほか84-91頁参照。

有無を問わない「こども誰でも通園制度」が導入されようとしている。同制度については第６章で検討する。

第3章 子ども・子育て支援法と児童福祉法の給付決定と子ども・保護者の権利

子ども・子育て支援新制度（以下「支援制度」という）では，子ども・子育て支援法にもとづき，保育所等の利用を希望する保護者が市町村に申請して支給認定を受ける必要がある。また，児童福祉法にも障害児に対する給付決定，申請を前提としないが要保護児童に対する措置決定の仕組みがある。本章では，子ども・子育て支援法の支給認定，児童福祉法の障害児に対する給付決定，要保護児童に対する措置決定といった給付決定の仕組みを概観し，子ども・保護者の権利という観点から，その法的問題と課題を提示する。なお，支援制度の考察の際には，「利用」や「利用要件」という言葉を用い，支援制度実施前の保育制度（以下，「旧制度」という）の考察の際には，「入所」や「入所要件」という言葉を用いる。

1 子ども・子育て支援法の支給認定の概要

(1) 支給認定と利用申込みの仕組み

支給認定とは，子ども・子育て支援法20条1項によれば，「小学校就学前子どもごとに，子どものための教育・保育給付を受ける資格を有すること及びその該当する同条各号に掲げる小学校就学前子どもの区分についての認定」と定義されている。

支給認定が必要となるのは，子ども・子育て支援法の施行により，これまでの保育の利用方式が個人給付・直接契約方式に転換されたからである。支援制度のもとでは，子どものための教育・保育給付は，市町村が確認した特定教育・保育施設および特定地域型保育事業者を利用し教育・保育を受けた子ども（実質的には，その保護者）に支給されることが基本になるため，給付資格などを認定する必要が生じる。ただし，子どものための教育・保育給付のうち施設型給付費と地域型保育給付費については，教育・

保育を提供した特定教育・保育施設などが，給付資格を認められた子ども・保護者（以下，子ども・子育て支援法に従って，それぞれ「支給認定子ども」，「支給認定保護者」という）に代わって受領（代理受領）する仕組みをとっている（施設型給付費の支給につき，子育て支援27条参照）。

市町村の保育実施義務が維持されている保育所の利用の場合でも，支給認定を受ける仕組みは導入されている。旧制度での保育所入所の手続きは，保護者が入所を希望する保育所を書いて市町村に申込みをすれば，市町村が入所要件（「保育に欠ける」要件）に該当するかを審査して，該当する場合は，入所先の保育所を決め（入所決定），入所承諾書を交付する仕組みであった。この場合，市町村は，申込みのあった子どもについて入所要件の審査・認定と入所決定とを一連の手続きの中で行っていた。市町村は，保護者から保育所入所の申し込みがあれば，条例にそって「保育に欠ける」要件に該当するかどうかの認定を行うが，保護者は市町村に入所申込みをするだけで，入所要件の認定の申請を別個に行う必要はなかった。また，入所要件の認定は，条例の要件に照らして客観的に行われなければならず，保育所定員が不足していることを理由に，入所要件非該当とすることは違法とされていた（東京地判1986年9月30日判時1218号93頁参照）。

これに対して，支援制度は，保育の利用要件の審査などを支給認定として別個の手続きに独立させている。これは，前述のように，支援制度が，個人給付方式を基本としているからである。そのため，保育の利用手続きは，次のようになる。①保護者は，子ども・子育て支援法20条の規定にしたがい，市町村に支給認定を申請する。②市町村が，同条にもとづき，当該保護者の子どもについて保育の必要性の認定を行い，保育の必要性を認定した子どもについては保育必要量（時間区分）も認定し，支給認定証を交付する。③保護者が，支給認定証をもって，特定教育・保育施設または特定地域型保育事業者に利用の申込みを行う。④特定教育・保育施設などが利用を承諾し，子どもに対して保育を提供する。

保育所を利用する場合には，前述のように，児童福祉法24条1項において，市町村の保育実施義務が維持されたので（第2章3参照），③については，従来の保育所への入所手続と同様，特定教育・保育施設たる保育所

（公立または私立保育所）ではなく，市町村に対して利用の申込みを行うこととなる。また，④でも，市町村が保育所の利用を承諾し（利用決定），子どもに対して，公立保育所で（もしくは私立の認可保育所に委託し）保育を提供する。この場合の利用決定は，児童福祉法24条１項にもとづく決定であり，従来の入所決定と同様，行政処分と解される。

このように，支援制度のもとでの保育所利用に関しては，従来の入所要件の審査と入所決定の手続きが分離される形となり，保護者にとっては，支給認定の申請と保育所等の利用申込という２回の申請・申込み手続きを経なくてはならず煩雑な仕組みとなった[(1)]。また，家庭的保育事業の場合は，これまでは，市町村の委託方式をとっていたので，保護者は，保育所と同様，市町村に申込みを行っていたが，支援制度では，市町村の委託はなくなり，保護者は支給認定を受けたうえで，家庭的保育事業者と直接契約を結ぶこととなった。

ただし，実務上は，保護者は，支給認定の申請の際に「支給認定申請書」に「利用を希望する施設（事業者）名」を一緒に記入することができる形式に，すなわち支給認定の申請と利用申込みが同時にできる形になっており，ほとんどの市町村でそのような対応が行われている（図表２-２参照）。

⑵　支給認定の申請

保護者は，子ども・子育て支援法20条１項の規定にしたがい，市町村に支給認定を申請しなければならないが，市町村および保護者の負担軽減や従来の幼稚園における園児募集との整合性の観点から，教育標準時間認定（保育を必要としない３歳以上の子どもの認定）を希望する場合には，保護者が入園予定の施設（認定こども園や幼稚園）を通じて，市町村に認定

---

(1)　日本弁護士連合会（日弁連）の「子ども・子育て新システムの関連法案に関する意見書」（2012年４月12日）は，修正前の子ども・子育て支援法案について「市町村の認定と直接契約という２段構えの手続を踏まなければならない仕組み」をやめるべきと指摘していた。法案修正後の子ども・子育て支援法についても２段構えの手続きが解消されていないことについて，大井琢「日弁連意見書からみた子ども・子育て新システム修正法案の問題点」月刊保育情報429号（2012年）７頁も参照。

の申請を行い，支給認定の交付を受ける仕組みが基本となる（子ども・子育て支援法施行規則（以下「施行規則」という）2条3項，5条）。入園希望の子どもが保育を必要としない3歳以上の子ども（従来の幼稚園の利用児童）であり，年齢の確認だけで，後述の保育必要量の認定は必要ないため，簡略化が図られている。ただし，入園予定の施設の内定が得られていない，年度途中に転居したなど，入園予定の施設が決まっていない場合には，保護者が市町村に直接，支給認定の申請を行う場合もありうるとされている（内閣府等通知「子ども・子育て支援法に基づく支給認定等並びに特定教育・保育施設及び特定地域型保育事業者の確認に係る留意事項等について」2014年。以下「留意事項通知」という）。なお，保護者が保育所を希望する場合も，施設（保育所および認定こども園）などを通じて市町村に認定の申請を行うことができる（施行規則2条4項，5条）。

前述のように，支給認定申請書には，利用を希望する施設（事業者）名を同時に記載することができ，保育所の利用申込みが同時にできる形になっている。この場合，保育所以外の認定こども園や家庭的保育事業など（以下「直接契約施設・事業者」という）の利用希望も記載することになっているが，保育所の利用の申込みとは，法的な位置づけが異なることに注意すべきであろう。保育所の場合は，そのまま市町村への利用申込み（利用決定を求める申請権の行使）に当たるが，保育所以外の認定こども園など直接契約施設・事業者の利用については，市町村は契約の当事者ではない（契約当事者は，あくまでも直接契約施設・事業者である）。したがって，市町村への「希望施設（事業者）名」の届出は，利用申込みではなく，文字通り利用希望の届出にとどまる(2)。もっとも，保護者の側では，両者の違いは十分認識できておらず，利用が可能となればよしとされている。

支援制度では，保育所以外の直接契約施設・事業者も含め，すべての保育の利用申し込みを「当分の間」市町村が受付け，利用調整を行うことを

---

(2)　木下秀雄「『保育所における保育』を受ける権利と改正児童福祉法24条――再論」月刊保育情報455号（2014年）7頁は，こうした法的性質の異なるものを何の説明もなしに並列させるのは，市民に対する行政の保育情報の助言教示義務を尽くすという点から疑問があると指摘している。

想定しているため，このような形がとられているが，市町村の行う利用調整には，実務上はともかく，法的な整合性がとれていないなど問題が多い（第２章４参照）。

⑶　保育の必要性の認定

支給認定では，保育の必要性の認定を行うが，子ども・子育て支援法19条１項によれば，保育の必要性のある子どもとは「保護者の労働又は疾病その他の内閣府令で定める事由により家庭において必要な保育を受けることが困難である」子どもとされている。

保育の必要性のある子どもに該当する要件として，以下の事由が列挙されている（施行規則１条１号〜10号）。いずれも保護者が①１月に，48時間から64時間までの範囲内で月を単位に市町村が定める時間以上労働することを常態とすること，②妊娠中であるかまたは出産後間がないこと，③疾病にかかり，もしくは負傷し，または精神的もしくは身体に障害を有していること，④同居の親族（長期間入院している親族を含む）を常時介護または看護していること，⑤震災，風水害，火災その他の災害の復旧に当たっていること，⑥求職活動（起業の準備を含む）を継続的に行っていること，⑦就学または職業訓練を受けていること，⑧児童虐待を行っているまたは再び行われるおそれがある，または配偶者からの暴力により子どもの保育を行うことが困難であると認められること，⑨育児休業取得時にすでに保育を利用している子どもであり，当該育児休業の間に施設利用が必要と認められること，⑩これら各号に類するものとして市町村が認める事由に該当すること，である。

このうち，⑨の保護者が育児休業を取得した場合の扱いは，従来の政令（改正前の児童福祉法施行令27条）には記されておらず，厚生労働省の通知等による運用が行われてきたが，施行規則に「育児休業をする場合であって，当該保護者の当該育児休業に係る子ども以外の小学校就学前子どもが特定教育・保育施設又は特定地域型保育事業…を利用しており，当該育児休業の間に特定教育・保育施設等を引き続き利用することが必要であると認められること」と規定された（同条９号）。育児休業中であっても，上の子どもが継続的に保育所等を利用することができる旨が明記されたといえる。

従来の「保育に欠ける」事由として規定されていた「同居の親族その他の者が当該児童を保育することができないと認められる場合」については，市町村が保育所などの優先的な利用を判断する際の考慮要素とされた。また，近年の子どもをとりまく環境等に着目し，⑧の虐待または家庭内暴力（DV）のおそれがあることが追加された。

なお，旧制度では「保育に欠ける」事由（入所要件）は，政令（旧児童福祉法施行令27条）で定める基準に従い条例で定めることとされ，各市町村が保育の実施条例を制定していた（ほとんどの市町村が，政令と同じ基準の条例を制定していた）。しかし，支援制度では，すべての市町村が内閣府令の規定にもとづき，保育の必要性を認定することになるため，保育の実施条例を廃止する市町村も出てきている。

⑷　保育必要量の認定

保育の必要性の認定につづいて，市町村は，申請のあった小学校就学前の子どもを，①満3歳以上で②に該当しない子ども（子ども・子育て支援法19条1項1号に該当する子ども。以下「1号認定こども」という。以下同じ），②満3歳以上で保護者の労働または疾病などの事由で，家庭において必要な保育を受けることが困難な（保育の必要性がある）子ども（2号認定こども），③満3歳未満で保育の必要性がある子ども（3号認定こども）に分け，②③の子どもについて，政令で定めるところにより，保育必要量の認定を行う（子育て支援20条3項。図表3-1）。

ここで，保育必要量とは，月を単位として内閣府令で定める期間において施設型給付費や地域型保育給付費などを支給する保育の量とされている（子育て支援20条3項括弧書き）。保育必要量の認定は，1月当たり平均275時間（1日あたり11時間）までの保育標準時間と，月平均200時間（1日あたり8時間）までの保育短時間の2区分で行われる。なお，1号認定子どもについては，保育必要量の認定は行われず，教育標準時間（幼稚園と同じ4時間程度）が保障される。保育必要量の区分の基準については，保

図表３-１　子ども・子育て支援法にもとづく３つの認定

認定の形態	認定の内容
1号認定子ども（子ども・子育て支援法19条1項1号）	満3歳以上で，保育の必要性がない子ども 教育標準時間認定
2号認定子ども（子ども・子育て支援法19条1項2号）	満3歳以上で，保育の必要性がある（「保育の必要な事由」に該当する）子ども 保育認定，保育必要量（保育短時間または保育標準時間）の認定
3号認定子ども（子ども・子育て支援法19条1項3号）	満3歳未満で，保育の必要性がある（「保育の必要な事由」に該当する）子ども 保育認定，保育必要量（保育短時間または保育標準時間）の認定

出所：筆者作成。

育の必要性にかかる事由が就労の場合は，就労時間が月120時間以上の場合には，原則として保育標準時間とし，120時間未満の場合は，原則として保育短時間となる（施行規則4条1項本文）[(3)]。就労以外の妊娠・出産，災害復旧，虐待またはDVのおそれがあることといった事由については，原則として保育標準時間認定となるが，保護者の希望により，保育短時間認定とすることも可能である（同項ただし書き）。また，保護者の疾病・障害，求職活動および育児休業取得時の継続利用といった事由については，市町村の判断により，保育標準時間認定または保育短時間認定の区分を設けないことができる（同条2項）。

保育の必要量の認定については，介護保険や障害者支援のような訪問調査は実施されず，申請書および必要書類にもとづいて判断される。これは，子ども・子育て支援給付の受給者が子どもの保護者であることから，保護者が抱えるニーズの個別性が高齢者や障害者ほど多様ではないためとされ

(3)　保育必要量の認定は，介護保険の要介護認定の基準が，基準省令により細かく設定されているのに比べれば，おおまかといえる。要介護認定基準につき，伊藤・介護保険法98-99頁参照。ただし，支給要件，保育必要量の認定に関しては，国の法令の規律密度が大きく，市町村の条例制定権を含む判断余地が狭められているとの指摘がある。加藤ほか319頁（前田雅子執筆）参照。

ている[4]。

支給認定証には，支給認定を受けた保護者の氏名，居住地および生年月日（施行規則6条1号），支給認定子どもの氏名および生年月日（同条2号）のほか，保育の必要性にかかる事由および保育必要量（同条5号）などが記載される。

② 支給認定をめぐる諸問題

(1) 支給認定の保育の利用要件をめぐる問題――保育の利用要件の拡大か？

以上の支給認定の仕組みについてはいくつかの問題がある。

保育の必要性の事由については，保護者の求職活動や就学・職業訓練の場合も要件に盛り込んだことなどから，利用要件が拡大したと評価する見解もある。しかし，保護者の就学・職業訓練の要件は，従来も厚生労働省の通知で認められていた。また，育児休業中の上の子の保育についても，引き続き施設を利用することが必要であると市町村が認めることが要件となるため，希望すれば上の子がすべて保育を受けられるとは限らない。実際に，育児休業の取得を理由にした，上の子の保育の実施の解除（いわゆる「育休退園」）が問題になった事例がある（補論1参照）。また，児童虐待などのおそれがあることの要件は，自治体責任による措置で対応すべき事由と考える[5]。

いずれにしても，支援制度における保育の利用要件が大幅に拡大したとはいいがたい。そもそも，利用要件をいくら拡大したところで，これまでも，保育所が不足していたため，保護者が求職中や就学，さらにはパート労働の場合は，フルタイムで就労している保護者にくらべ優先順位が低く

---

(4) 木村茂喜「社会福祉制度の支給決定過程における諸課題」社会保障研究7巻4号（2023年）339頁参照。

(5) この点については，「留意事項通知」でも，虐待またはDVのおそれがあることに該当する場合など，社会的養護が必要な場合には，より確実な手段である児童福祉法24条5項にもとづく措置制度も併せて活用することとされており，実際には，ほとんどが措置制度を活用する事例と考えられる。

なり，子どもが保育所を利用できなかったわけで，利用できる保育所などが不足していれば，同様のことが生じる。とくに，保護者の夜間の就労も利用要件に加えたとはいえ，夜間保育が可能な施設は圧倒的に不足しており，利用は進んでいない。

また，支援制度のもとでの「保育の必要性」は，従来の「保育に欠ける」場合と異なり，保育所保育だけで充足されることを想定していない。認定こども園や家庭的保育事業など，保育所以外のさまざまな基準のさまざまな施設・事業所の保育を利用した場合にも，子ども・子育て支援法上の給付があり，支援制度では，そうした保育所以外の直接契約施設・事業者の利用が前提とされているといえる。

さらに，施行規則で列挙されている保育の必要性の事由（利用要件）は，いずれも，保護者の事由であり，子どもの事由は入っていない。たとえば，子どもに障害がある場合でも，保護者が就労などしていなければ，保育を必要とする子どもには該当しないことになる。この点については，保育所利用について，保護者の就労を原則としていた旧制度の利用要件と変わっていない。利用要件に，子どもの事由も追加し，子どもに障害があるなどで，集団保育が適切な場合には，保育が必要な子どもと認定すべきであろう。もっとも，障害児の保育については，施行規則1条10号の「前各号に類するものとして市町村が認める事由」として，保育の必要性を認定している自治体が多いようである。

⑵　保育必要量をめぐる問題

保育必要量の認定については，当初の案では，フルタイムの就労を想定した保育標準時間と，パート就労を想定した保育短時間の2区分が想定され，保護者がパート就労で保育短時間認定の場合，たとえば，月88時間（1日平均4時間）の保育必要量とされる可能性があった。しかし，1日平均4時間のような短時間区分の設定は，子どもの生活リズムや発達保障を無視したものであること，保育士の働き方が時間によるシフト，非正規による対応が基本とならざるをえなくなること，また，短時間区分の子どもが多い保育所では，大幅な減収となり，保育所運営が不安定化することなどの批判が出て，保育を必要とすると認定された子どもすべてに，保護者の就労時間にかかわらず，従来と同様，原則8時間の保育を保障する旨が，施行規則に規定された（保育短時間認定の区分が8時間となる）。

一方で，保育標準時間の認定の子どもについては，保育所の開所時間にあわせ11時間までの保育時間とされている。もっとも，標準時間の子どもの場合に11時間の保育が必要となるのに，保育士配置の財政手当が十分なされていないため，人員配置がぎりぎりの保育所等では，保育士の過重労働（労働基準法違反）で対応せざるをえなくなる。そのため，保育所の側が，保護者の勤務時間＋通勤時間に合わせた利用にとどめるよう，保護者に要請する事例が多くなっている。それにより，実際の利用は従前と変わらないのに，なぜ時間区分が必要なのかという疑問や批判が噴出している。

なお，支給認定で認定された保育時間を超えた保育については，給付費が支給されないため「延長保育」となり，保護者の負担となる（追加料金がかかる）。市町村が，延長保育事業（第1章6参照）を実施している場合には，一定の助成があり，保護者の負担は軽減されるが，市町村事業のため，市町村によって軽減幅に違いが出ている。

⑶ 支給認定に関する処理期間と支給認定の有効期間をめぐる問題

子ども・子育て支援法20条6項は，市町村は，支給認定の申請のあった日から30日以内に申請に対する処分を行わなければならないとしているが，当該申請にかかる保護者の労働または疾病などの状況調査に時間がかかるといった特別な理由がある場合には，市町村は，処理見込期間をおよび理由を示して，さらに延期することができる。

保護者が病気など「緊急その他やむを得ない理由」で，認定結果がでる前に，保育所などの利用をした場合は，とりあえず保護者が，保育費用を全額立て替えて，認定結果が出たあとで，利用者負担分を除いた給付分の払い戻しを受けることとなる。特例施設型給付費の支給（子育て支援28条），または特例地域型保育給付費の支給（同30条）と呼ばれる仕組みである（第1章6参照）。しかし，この仕組みだと，当面立て替えるお金がない場合には，保育所などの利用そのものができなくなる。また，たとえば，標準時間と見込んで保育所を11時間利用したところ，短時間認定となった場合は，差額分（３時間の利用分）は保護者が延長保育料として負担することになるなどの問題がある。こうした場合の差額は，保護者の負担ではなく，市町村の責任で負担すべきと考える。

支給認定には有効期間が設定される（子育て支援21条）。具体的には，教育標準時間認定（１号認定子ども）の有効期間は，その効力発生日から小学校就学前までの期間とされている（施行規則８条１号）。２号認定および３号認定（保育標準時間認定および保育短時間認定）の有効期間は，満３歳以上の子どもにかかる認定については，効力発生日から小学校就学前までの期間，満３歳未満の子どもにかかる認定については，効力発生日から満３歳に達する日の前日までの期間とされ，保育の必要性の認定にかかる事由に該当しなくなった場合は，その時点までとされている（施行規則８条２号〜13号）。求職活動中の事由にかかる有効期間については，雇用保険制度に基づく失業等給付（基本手当）の給付日数が90日を基礎としていることを踏まえ，90日を限度とした支給認定が定める期間を経過する日が属する月の末日までの期間とされている（同条４号および10号）。

問題なのは，支援制度では，家庭的保育事業や小規模保育事業を利用している３歳未満の保育を必要とする子ども（３号認定子ども）が満３歳に達すると，新たに保育所などを探して移籍する必要が生じることである（この問題については，第４章３参照）。

なお，支給認定を受けた保護者は，保育必要量などの変更の認定を申請することができる（子育て支援23条１項）。市町村は，職権により，給認定の変更の認定を行うこともできる（同条４項）。また，保護者は，就労形態が変わるなどして就労時間に変化が生じた場合には，市町村に変更申請を行い，保育必要量の変更の認定を受けなければならない。

生活保護の保護開始決定も申請にもとづいて行われるが（申請保護の原則。生保７条），要保護者が急迫した状況にある場合には，職権による保護の開始が保護の実施機関に義務づけられている（同25条１項）。これに対して，支給認定には，申請がない場合の市町村の職権による認定は想定されていないが，保育の必要性の事由がなくなった場合などについて職権による支給認定の変更・取消しは存在する（子育て支援20条）。この点は，介護保険の要介護認定と同じである（介保30条，31条）。

3 支給認定と保護者の申請権，手続的権利，参加権，争訟権

(1) 保護者の申請権の保障

支給認定は「申請に対する処分」（子育て支援20条6項）であり，支給認定の申請は，法令にもとづく申請として行政手続法の適用がある（行手2条3号）。申請があれば，行政庁（支給認定の場合は市町村）は遅滞なく当該申請の審査を開始しなくてはならず（同7条），行政手続法のもとでは，行政庁の受理拒否処分は観念しえないとする裁判例がある（神戸地判2000年7月11日訴月48巻8号1946頁）。行政庁には，申請に対する審査応答義務があり，これは，申請人に法令上の申請権がある限り，当然のこととされる(6)。そして，この場合の「申請権」とは，自らの申請に係る案件が適正に処理されることを要求することができる権利であり，申請それ自体もそのような意味での権利の行使として性格づけられる(7)。支援制度のもとでも，保護者（申請者）が，支給認定を求める申請権を有し，実施主体である市町村（行政庁）には，当該申請に対する審査応答義務があることは明らかである。

また，保育所利用を希望する場合には，児童福祉法24条1項において，市町村の保育実施義務が明記されたので，市町村に対して利用の申込みを行うが，この場合，利用の申込みは，単なる申込みにとどまらず，市町村の利用決定という行政処分を求める申請である。したがって，希望する施設名に保育所（公立・私立を問わない）の名称が記載された場合には，保育所利用の申請（利用決定を求める申請権の行使）がなされたことになり，市町村には，当該申請に対する応答義務（利用承諾または利用不承諾の決定を行う義務）が生じる。つまり，支援制度では，保護者の支給認定の申請

(6) 塩野・行政法Ⅰ 319頁参照。
(7) 小早川光郎『行政法講義下Ⅰ』（弘文堂，2002年）41頁参照。

と保育所利用の申請に対応して，市町村は，支給認定処分と利用（不承諾）決定処分という２つの処分を行うことになる。利用決定処分も，行政手続法上の「申請に対する処分」として，その規律に従う。

以上のような申請権が保障されるためには，申請権者（保護者）にとって必要な情報や知識が，支給認定処分や利用決定を行う市町村から十分に提供され，教示されていなくてはならない。言い換えれば，市町村の側にそうした情報提供義務が存在すると考えられる。

市町村など行政庁の情報提供義務については，児童扶養手当の支給要件についての行政庁（この場合は都道府県知事）の広報義務違反が争われた永井訴訟がある。同訴訟の第１審判決は，児童扶養手当に関し知事に広報義務があり，知事はその義務を違法に懈怠した過失があるとして，国に対して損害賠償責任を認めた（京都地判1991年２月５日判時1387号43頁）。これに対して，控訴審判決は，広報・周知徹底は国の果たすべき責務であるが，公的強制力が加えられる法的義務ではないとして，第１審判決の国の敗訴部分を取り消した（大阪高判1993年10月５日訴月40巻８号1927頁）。上告審の最高裁も控訴審判決を支持している（最判1998年９月10日判例集未登載）。行政庁の情報提供義務が法的義務でないとしても，現状では，市町村も含め国や自治体から，支給認定や保育の利用の手続きを含めて支援制度についての十分な情報提供や説明がなされているとはいいがたい。

支給認定の申請は，申請書をもって書面で行うこととされているが（施行規則35条１項），支給認定の申請は要式行為とはいえず，口頭による申請も可能であると解され，また所定の申請書を用いなくても，必要事項が記載してあれば，申請とみなすべきであろう。

(2)　支給認定過程における保護者の手続的権利，参加権

つぎに，支給認定の過程における申請者（保護者）の手続的権利，さらには，支給認定過程への保護者の参加（関与）もしくは意見表明の権利が問題となる。

支給認定の過程において，申請者（保護者）は適正な手続で支給認定を受ける権利を有しており，支給認定を行う市町村の側には，保護者のそう

した手続的権利の保障義務がある。手続的権利の保障は，行政庁の恣意的な裁量の行使を抑制し，行政庁への信頼や安定した行政運営を確保するためだけでなく，申請者の側に適正な手続を受ける権利があるという適正手続の法理にもとづくものであり，それは行政案件処理過程において個人が個人として尊重されなければならないとの原理，すなわち憲法13条に規定された個人の尊厳の原理に規範的根拠をもつと考えられている(8)。

とはいえ，支援制度においては，保護者の手続的権利や参加（意見表明）の権利が十分保障されているとはいいがたい。介護保険法では，要介護認定において，第3者機関である介護認定調査会が設置され，同認定審査会が必要と認めるときには，主治医のほかに申請者本人や家族の意見を聴くことができる旨の規定がある（介保27条9項）(9)。これに対して，子ども・子育て支援法の支給認定には，介護認定審査会のような第3者機関の設置もなく，保護者からの意見聴取の規定も設けられておらず，支給認定過程への参加（関与）の機会が保障されていない。少なくとも，意見聴取の機会を付与する仕組みを設けるべきと考える。また，保育の必要量の認定についても，支給認定全体の過程についても，就労や家庭状況など保護者等のプライバシーに関わる事項を聞き取るため，原則非公開とされているが，保護者本人からの開示請求があった場合には，情報公開法や各市町村の情報公開条例に照らして十分な配慮が必要となろう。

市町村が，給付資格が認められないと認定した場合は，子どもの保育の利用そのものが不可能になるわけだから，当該処分は，行政手続法にいう「申請によって求められた許認可等を拒否する処分」（申請拒否処分。行手8条）に該当し，処分の名あて人（保護者）に対する理由提示が市町村（処分庁）に義務づけられる。子ども・子育て支援法でも，保護者が「子どものための教育・保育給付を受ける資格を有すると認められないとき」は，保護者に理由を付して，その旨を通知することとされている（子育て支援

---

(8) 小早川・前掲注(7)52頁参照。

(9) ただし，介護保険法でも，意見を聴くか否かは介護認定審査会の裁量に委ねられており，介護認定審査会における申請者の意見表明権が十分保障されているとはいいがたい。詳しくは，伊藤・介護保険法125頁参照。

20条5項)。私見では，給付資格が認められない場合だけでなく，認定結果すべてについて理由を付すべきと考える。一般に，理由提示（付記）の機能には，①行政庁の恣意抑制機能ないし慎重配慮確保機能，②申請者の側の不服申立便宜機能，③相手方に対する説得機能，④決定過程公開機能があるとされ[(10)]，たとえば，保護者が希望していた保育必要時間とは異なる認定となり，審査請求を行うことが考えられるからである（②の観点)。また，①③④の観点から，認定結果に付記される理由は，いかなる事実関係があり，どのような根拠にもとづいて，当該結果になったのかを具体的に記載する必要がある（青色申告に係る更生処分に関する最判1963年5月31日民集17巻4号617頁参照)。

旧制度のもとであるが，市の福祉事務所が行った保育所入所保留処分が，入所選考の審査基準が公開されていない（行手5条3項違反)，各保留処分の通知において処分の理由が示されていない（同8条1項違反）などの理由で，適正手続に違反しているとして，原告の慰謝料請求を認めた判決がある（大阪地判2002年6月28日賃社1327号53頁)。

(3)　支給認定と保護者の争訟権

保護者が，支給認定の処分に不服がある場合（たとえば，保育短時間認定とされたことに対して不服がある場合など）には，行政上の不服を申し立て，さらに行政訴訟で争うことができる。その意味で，保護者の争訟権が保障されているといえる。

不服申立てについては，とくに規定がなく，支給認定の処分を行った市町村に不服申立て（審査請求）を行うことになろう。2015年の施行時の子ども・子育て支援法81条は，当該処分の取消しの訴えは，当該処分についての不服申立てに対する裁決を経た後でなければ提起することができない旨，いわゆる不服申立前置を定めていたが，2016年の行政不服審査法の改正によって，この規定は廃止された[(11)]。一方，支援制度の財源である

(10)　①②の機能は最高裁判所が示すところで（最判1985年1月22日民集39巻1号1頁参照)，③④の機能については，塩野・行政法Ⅰ 296-297頁参照。

(11)　不服申立前置の大幅削減がなされたこの改正については，塩野・行政法Ⅱ 102-

拠出金等の徴収に関する処分については，同処分に不服のある場合は，厚生労働大臣に対して，行政不服審査法による審査請求をすることができる旨の規定がある（子育て支援75条）。この場合も，審査請求前置は不要で，保護者は，審査請求を経ずに，行政訴訟を提起できる。

なお，生活保護法では，申請のあった日から14日以内に保護の要否等の決定を通知しなければならないとされている（生保24条3項）。支給認定の期間も，少なくとも，生活保護法と同様に14日以内に短縮すべきだろう（処理見込期間を最大30日とすべき）。また，介護保険法では，要介護認定処分などの不服申立ての審査機関として，都道府県に介護保険審査会が置かれており（介保184条），審査請求はそこに行うことになる。これに対して，子ども・子育て支援法では，そのような第3者機関の設置は規定されていない。保育の必要性の認定について市町村の裁量の余地が少ないこともあるのであろうが，保護者の不服申立権の保障，もしくは適正な認定を受ける権利の保障という観点からすれば，できれば，介護保険審査会のような第3者機関の設置が望ましい。

これに対して，行政訴訟は，通常の裁判所において，民事訴訟などと同様，対審構造による口頭弁論主義をとって行われる点に特徴がある。行政訴訟に関する一般法が行政事件訴訟法である。同法に従えば，支給認定処分に不服がある場合，当該処分の取消しの訴えと希望する認定処分（たとえば，保育短時間認定から保育標準時間認定への変更）の義務付けの訴えとの併合提起が効果的であろう（行訴37条の3）。

④ 児童福祉法の障害児に対する給付（決定）とその諸問題

(1) 児童福祉法の障害児に対する給付と給付決定の構造

児童福祉法は，障害児（身体に障害のある児童，知的障害のある児童，精神に障害のある児童，一定の難病に伴う障害のある児童。児福4条2項）への給付として，障害児通所支援と障害児入所支援，障害児相談支援を規定する（児福6条の2の2第1項。第1章3参照）。

103頁参照。

障害児通所支援を受けようとする障害児の保護者は，市町村に，通所給付決定の申請を行う。市町村は，保護者から申請があった場合，障害児通所給付費等の給付決定（通所給付決定）を行い，受給者証を交付する（児福21条の5の5～5の7）。通所給付決定を受けた障害児が，都道府県知事が指定する指定事業者から，障害児通所支援を受けたときは，市町村から保護者に障害児通所給付費が支給される（児福21条の5の3第1項）。給付費の額は，通所支援の種類ごとの費用の合計から，家計の負担能力をしん酌して政令で定める保護者負担を控除した額となる。ただし，政令で定める額よりも厚生労働大臣が定める基準により算定した費用の額の1割相当額の方が低い場合は，低い方の額を負担する（児福21条の5の3第2項）。

障害者入所支援についても，障害児の保護者は，都道府県に申請し，入所給付決定を得たうえで，指定障害児入所施設と契約を締結し，支援を受けた場合に，それに要した費用が障害児入所給付費として支給される（児福24条の2・24条の3）。給付費の額は，障害児通所支援と同様の方法で算定される（児福24条の2第2項）。

また，障害児の保護者が，市町村の指定する障害児相談支援事業者から障害児支援利用援助を受けた場合で，通所給付決定を受けたときは，市町村から障害児相談支援給付費が支給される（児福24条の26）。障害児相談支援給付費については10割給付となっており，保護者の負担はない。

さらに，障害児に対して，保育所など集団生活を営む施設を訪問し，その施設における「障害児以外の児童との集団生活への適応のための専門的な支援」などを行う保育所等訪問支援（児福6条の2の2第5項）を利用する場合も，保護者が市町村に申請して，通所給付決定を受けなければならない。同事業は，自治体が実施している巡回事業と異なり，保護者は事業者と個別契約を結び，事業者は，保育所などで障害児に個別の支援を行い，保護者は，保育所の保育料のほかに別個に費用負担をする必要がある（第5章6参照）。

市町村の障害児通所給付費または特例障害児通所給付費にかかる処分に不服がある障害児の保護者は，都道府県知事に対して審査請求することができる（児福56条の5の5）。審査請求の規定は，市町村が行う給付決定が行政処分であることを明らかにするもので，審査請求については，障害者総合支援法（障害者の日常生活及び社会生活を総合的に支援するための法律）の審査請求の規定（第8章。97条1項は除く）が準用される。審査請求前置の規定（97条1項）が除外されて準用されるため，審査請求を経ることなく，給付決定に対する行政訴訟の提起が可能となっている。

以上の児童福祉法の障害児に対する給付決定過程については，子ども・子育て支援法の支給認定と同様に，保護者の申請権，手続的権利，参加権，争訟権が保障されていると考えられる。

(2) 児童福祉法の障害児に対する給付（決定）の諸問題

以上のように，児童福祉法の障害児に対する給付の仕組み，すなわち療育[12]の仕組みは，保育所を利用している障害児を除き，市町村に保育・療育の実施義務はなく，個人給付・直接契約方式をとっている（以下「障害児支援方式」という。図表3-2)。施設・事業者に対する給付費の支給も，利用に応じた出来高払いである。

図表3-2 障害児支援方式

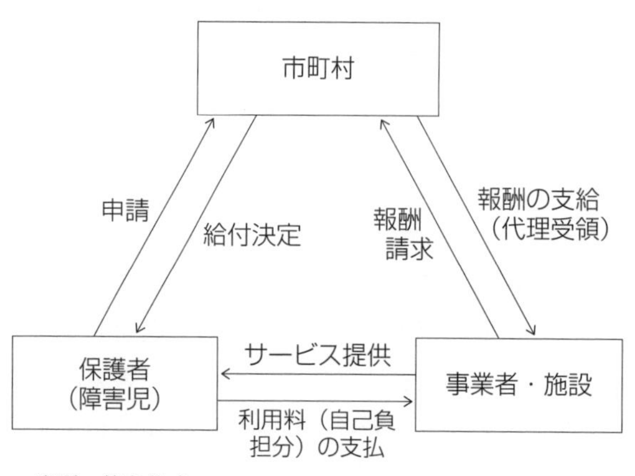

出所：筆者作成。

(12) 「療育」とは「治療」と「教育」の造語とされるが，障害のある子どもに対する支援を表す言葉としてしばしば用いられ，本書でもその意味で用いる。

前述したように，社会福祉の分野では，2000年4月から施行されている介護保険法をモデルに，措置制度から契約制度に転換する改革（「措置から契約へ」）が行われ，高齢者福祉については，介護保険法により，障害者福祉については，障害者総合支援法（旧障害者自立支援法）により，それぞれ契約制度（個人給付・直接契約方式）に転換された（介護保険については，さらに加えて，税方式から社会保険方式に転換された）。障害児の療育についても，2010年の児童福祉法改正により，個人給付・直接契約方式が徹底されたといえる。結果として，障害児への給付の仕組みは，同じ児童福祉法に規定がある母子生活支援施設や保育所利用の仕組み（22条，23条，24条）とは根本的に異なる形となった。とくに，保育所入所などを定めた児童福祉法24条は，同法第3節（助産施設，母子生活支援施設及び保育所への入所等）に属するのに対して，同法24条の2から24条の23までは，第4節（障害児入所給付費，高額障害児入所給付費及び特定入所障害児食費等給付費並びに障害児入所医療費の支給）に属し，24条が股裂き状態になる異例の条文構成になっている。

いずれにせよ，障害児の療育の個人給付・直接契約方式の徹底により，同じ児童福祉法に根拠をもつ保育所保育との間に大きな相違が生じている。すなわち，保育所を利用している障害児に対しては，市町村に保育実施義務があるのに対して，障害児通所等を利用する障害児に対しては，市町村には実施義務はない。ただし，やむを得ない事由により，障害児通所給付費および介護給付費等の支給を受けることが著しく困難であると認めるときは，市町村の責任で，障害児通所支援もしくは障害福祉サービスを提供し，またはそれを委託（措置委託）することができる（児福21条の6）。もっとも，この場合も「できる」規定であり，市町村の実施義務が明確とはいいがたい。

5　児童福祉法の要保護児童に対する措置と要保護児童の権利保障

(1)　児童福祉法の要保護児童に対する措置

「保護者のいない児童又は保護者に監護させるのが不適当であると認め

られる児童」は「要保護児童」（児福6条の3第8項）といわれ，要保護児童を発見した者による通告（児福25条）を受け，都道府県知事（実際は委託を受けた児童相談所）による措置がとられる（以下「措置方式」という。図表3－3）。

具体的には，市町村による指導，児童相談所への送致，通知等（児福25条の7以下）のほか，児童相談所長または都道府県知事による指導，里親等への委託，児童養護施設など児童福祉施設への入所措置，家庭裁判所の審判に付するための送致等がある（同26条・27条）。これらの措置をとるに至るまで，児童相談所長は，児童の安全を確保するため，保護者および児童の同意なしに，短期（2カ月。ただし延長あり）の措置として，要保護児童を一時保護することができる（児福33条）。一時保護については，行政処分と解されている。

児童福祉法27条1項3号の措置（以下「3号措置」という）については，親権者または未成年後見人の意に反して，措置をとることはできないが（児福27条4項），その同意・承諾まで必要とするものではない。親権者等が存在しない場合や，親権者等が児童相談所の同意・不同意の問い合わせに答えない場合，親権者等の一方が同意し，他方が黙っている場合も措置

図表3－3　措置方式（措置委託の場合）

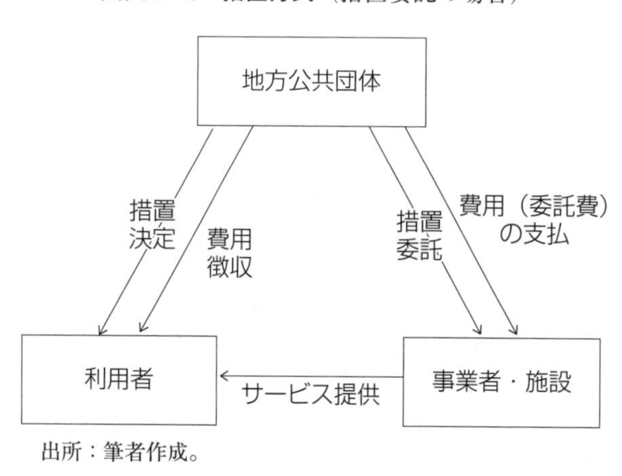

出所：筆者作成。

が可能である(13)。親権者の意思の尊重は，精神保健福祉法（精神保健及び精神障害者福祉に関する法律）における任意入院のような本人の自己決定の尊重とは異なり，「子の利益のため」（民法820条）の権限行使における意思の尊重であり，親権者等が反対の意思を示さない限り，これを行うことができると解されている(14)。保護者がその児童を虐待し，著しく監護を怠るなど保護者に監護させることがその児童の福祉を著しく害する場合において，３号措置をとることが，親権者等の意に反するときは，家庭裁判所の承認を得て措置をとることができる（児福28条１項１号）。家庭裁判所の承認に基づく入所措置（３号措置）は２年を超えてはならないが，入所措置を継続しなければ保護者がその児童を虐待するなどのおそれがあると認めるときは，都道府県は家庭裁判所の承認を得て入所期間を更新することができる（同28条２項）。裁判例では，児童の心身の状態やケアの必要性，保護者の生活状況などを総合的に考慮して，更新の必要性が判断されている（大阪高決2009年３月12日家月61巻８号93頁参照）。

親権者の同意を得ない３号措置の場合には，親が親権を主張して児童の引き取りを主張する場合があり，親権との調整が必要となる。行政解釈では，家庭裁判所の承認に基づく入所の場合，施設長の監護権（児福47条３項）が，保護者等の監護権に優先し，親権者による引き取り要求を拒否できるとされる。児童の親による親権の行使が著しく困難または不適当であり，児童の利益を著しく害するときは，家庭裁判所は親権喪失および親権停止の審判をすることができる（民法834条・834条の２。虐待を行った母親等の親権停止を認めた事例として，名古屋高決2005年３月25日家月57巻12号87頁）。親権の喪失は親権のすべてを無制限に奪うもので，家庭の再構築を困難にすることから，2011年の民法改正により，２年以内の期間を定めて親権を停止する制度が新設されている。

また，児童相談所長は，家庭裁判所に対する親権喪失等の請求，親権者のいない児童について未成年後見人選任等の請求（民法840条），一時保護

(13)　日本弁護士連合会子どもの権利委員会編『子どもの虐待防止・法的実務マニュアル〔第７版〕』（明石書店，2021年）159頁参照。
(14)　磯谷ほか313頁（藤田香織／横田光平執筆）参照。

中の児童に対する親権の代行または監護を行う権限を有し（児福33条の2，33条の7以下），入所児童については，施設長が親権代行または監護を行う（同47条)。親権者等は，児童相談所長等の監護措置を不当に妨げてはならない旨の規定が置かれている（同33条の2第2項)。

(2) 措置過程における要保護児童の権利保障

要保護児童に対する措置は，申請にもとづき実施されるわけではなく，職権行為であるが，措置（決定・解除）過程において，要保護児童の権利保障の観点から，意見聴取等の規定が設けられている。

まず，児童福祉法27条にもとづく措置をとる場合には，要保護児童と保護者の意向を確認することが前提とされる（児福26条2項)。その趣旨は，子どもの権利条約12条にいう児童の意見表明権を具体化したものであることから，児童の手続的権利を確認したものと解されている[15]。

また，都道府県知事等が，要保護児童に対する措置等を解除する場合は，行政手続法第3章の適用は除外されており（同法12条・14条は適用)，聴聞等の手続は不要となるが（児福33条の5)，それに代わり，解除の理由等についての説明義務・意見聴取が義務付けられている（児福33条の4)。

さらに，2022年の児童福祉法の改正により（2024年4月より施行)[16]，都道府県知事または児童相談所長は，児童に入所措置をとる場合または入所措置を解除し，停止し，もしくは他の措置に変更する場合（一時保護も同様である）には，児童の最善の権利を考慮するとともに，児童の意見または意向を勘案して入所措置等を行うために，あらかじめ，年齢，発達の状況その他の当該児童の事情に応じ意見聴取等の措置をとらなければならないとされた。ただし，児童の生命または心身の安全を確保するため緊急を要する場合で，あらかじめ意見聴取等措置をとるいとまがないときは，児童に入所措置等をとり，または入所措置等を解除し，停止し，もしくは他の措置への変更等を行った後，速やかに意見聴取等の措置をとらなければ

---

(15) 加藤ほか328頁（前田雅子執筆）参照。

(16) 2022年の児童福祉法改正に至る経緯については，木村・前掲注(4)341-342頁参照。

ならない（児福33条の３の３）。これらの規定は，子どもの権利条約の意見表明の権利等の規定を踏まえたものといえる。また，同改正で，児童相談所が一時保護を行うときには裁判官に一時保護状を請求して，これを得なければならないという形で，司法のチェックを受ける手続きが導入された（児福33条）。

❻ 子ども・保護者の権利からみた給付決定の課題

⑴　支給認定と子ども・保護者の権利

以上の考察を踏まえ，子ども・保護者の権利の観点から，子ども・子育て支援法の支給認定，児童福祉法の障害児に対する給付決定の課題を検討する。

子ども・子育て支援法の支給認定については，同法と同法施行規則に規定する事由（利用要件）に該当していれば，市町村は保育の必要性ありと認定することになり，施行規則１条10号の「前各号に類するものとして市町村が認める事由」のほかは，市町村に裁量の余地はほとんどない。ただし，支援制度では，当該子どもに保育の必要性が認定されたとしても，保育所など保育施設が不足していれば，利用することができず，その場合は，子どもの保育利用の権利，もしくは保護者の保育施設の選択権が保障されているとはいいがたい。

支給認定を受けた保護者（子ども）が，実際に保育所等を利用しなければ（施設などが不足し，利用できない場合も），給付受給権は発生しない。その場合は，支給認定により確認された給付受給権を放棄したとみなされる[(17)]。支援制度では，支給認定という行政処分を介在させたうえで，利用する施設・事業者は，支給認定保護者の選択に委ね，最終的な給付の提供

(17)　実際，介護保険でも，要介護認定で保険給付の受給資格ありとされながら（要介護者と認定されながら），介護保険サービスを利用せず，給付受給権を放棄している要介護者が多数存在している。要介護者の数は一貫して増加し続けているが，そのうちほぼ４人に１人が，保険給付を受給していないという状況は変わっていない。その理由としては，サービスの不足や利用者負担の存在（経済的理由）によるサービス利用の抑制などが考えられる。伊藤・介護保険法106頁参照。

は，保育契約の締結とそれにもとづく保育利用の時点でなされる構造をとっているからである。子どもの保育利用の権利の実現は，保護者と施設・事業者との契約，つまり自己責任に委ねられているといってもよい。施設・事業者が不足して利用ができない場合も，それは給付受給権の放棄（自己責任）であり，公的責任で対処すべき問題とはならなくなる。ただし，保育所の場合には，市町村の保育実施義務が維持されているため（児福24条1項），市町村の責任で，子どもの保育利用の権利（正確には保育所保育利用の権利）が保障され，保育所不足については，公的責任で対処する問題となりうる。

以上のことから，支給認定は，給付受給権の成立にとっては不可欠ではあるが，保護者の給付受給権を具体的な権利として確定する行政処分とまではいえない。支給認定という行政処分によって，保護者は，具体的な給付受給権を取得するわけではなく，市町村（保育所の場合）や直接契約施設・事業者との契約締結という次の段階に進める権利を得るにすぎず，支給認定の申請権は，給付受給権と直接的には結びついていない。

(2) 行政処分（支給認定・給付決定）介在の意味

一般に，社会保障の給付を実際に受けるには（受給者の給付受給権が現実化するには），憲法25条1項の生存権規定，さらにはそれを具体化した法律の諸規定だけでは足らず，行政庁による一定の判定行為や決定（行政処分）が必要とされている場合が多い。そして，前述の「措置から契約へ」といわれる社会福祉法制の改革の中で，高齢者福祉や障害者福祉分野でも，従来の措置決定が担っていた給付の必要性の認定と給付の内容の決定という2つの機能が分離され，前者は，申請型の行政処分による判断に，後者は，利用者と給付提供者との間の契約に委ねる方式が広く採用されるようになった(18)。

子ども・子育て支援法では，この方式を障害児の給付に導入していた

(18) 磯部哲「社会保障の受給権と行政決定」高木光・宇賀克也編『ジュリスト増刊／行政法の争点』(2014年，有斐閣) 269頁参照。

2010年の児童福祉法改正に続いて，保育分野にこの方式を持ち込み，市町村が行っていた従来の保育所入所決定を，支給認定（給付の必要性の認定）と保護者と市町村（保育所の場合）もしくは直接契約施設・事業者との契約による保育の提供（給付の内容の決定）に分離した。この方式で問題となるのは，給付請求権も２つに分離されることである。

子ども・子育て支援法では，保護者が「保育の必要性」の発生時に得るのは，前述のように，支給認定という給付決定を請求する権利と解され，支給認定により給付資格を認められたのちに，特定教育・保育施設などとの契約により保育の提供を受けることで，保育費用の償還給付という具体的な給付請求権が発生すると解される。そして，それは，あくまでも保育費用の請求権であり，保育の提供請求権ではない。子どもに対する保育の提供請求権は，契約にもとづくもので，保育所保育の場合以外は，市町村ではなく直接契約施設・事業者に対する請求権となる。保護者の給付受給権と子どもの保育利用の権利とを分離することは，保育提供の請求権と給付（保育費用の償還）請求権とを分離させることを意味し，子どもの保育利用の権利の保障という観点からすれば，迂遠な方式といえる。

児童福祉法の障害児への給付（決定）についても，保護者の給付受給権と障害児の療育を受ける権利とは同様の構造をとっている。

(3)　課題――支給認定・給付決定廃止の提言

私見では，子ども・子育て支援法の支給認定は廃止し，給付の必要性の認定と給付の内容の決定とを分離せず，市町村が一括して判定していた従来の入所決定方式に戻すべきと考える。そのことは，個人給付・直接契約方式を，施設補助・市町村責任方式（保育所方式。図表２-１参照）に戻すことを意味する。

また，保育の必要性の認定にかかる支給要件（利用要件）には，就労等の保護者の事由だけでなく，たとえば，子どもに障害があり集団保育が必要な場合には，保護者が就労していなくても保育の必要性を認めるなど，子どもの事由も加えるべきである。将来的には，保育の必要性の要件をなくし，１歳以上のすべての子どもの保育利用の権利を法律に明記し，基準の整った保育施設を整備し，市町村の保育実施義務のもと保育提供が可能になる仕組みとすべきと考える。

同時に，障害児の療育についても，児童福祉法を改正し，障害児通所給付決定などは廃止し，個人給付・直接契約方式から保育所方式へ改変する必要がある。自治体が療育の必要性を認定した障害児に対しては，都道府県が施設入所について実施義務を，市町村が入所以外の通所等について実施義務を負うこととし（いずれも現物給付），児童福祉法に明記すべきである。障害児への療育の実施は，原則として，障害児の保護者からの申請にもとづいて行い，療育の必要性を認定する基準は，政令で定める基準に従って，実施主体である自治体が条例で定め，障害児相談支援事業についても，市町村の責任で現物給付として相談支援を行う方式とすべきである（相談支援事業者も委託を受けて行う形になる）。

第4章 子ども・子育て支援新制度のもとでの施設・事業と子どもの権利

本章では，子ども・子育て支援新制度（以下「支援制度」という）のもとでの施設・事業の多様化の様相を概観し，その諸問題と課題を，保育基準の多様化（もしくは低下）と保育事故の問題を中心に，子どもの権利保障という観点から考察する。

1 子ども・子育て支援新制度のもとでの施設の多様化

(1) 特定教育・保育施設

支援制度では，これまでの保育所保育の原則を崩し，保育所以外の認定こども園や家庭的保育事業なども給付費の対象とすることで給付制度として一元化し，多様な施設・事業が並存する仕組みとした。保育所に比べ保育水準が低い小規模保育事業などを企業参入により増やし，いわば安上がりに保育提供体制を整備しようというわけである。

支援制度では，保育所，認定こども園，幼稚園については「教育・保育施設」とされ，支給認定を受けた子どもが，特定教育・保育施設を利用した場合に（利用は，特定教育・保育施設と保護者との直接契約にもとづく），施設型給付費が支給される方式が導入された（図表4－1）。特定教育・保育施設とは，市町村が，条例で定める特定教育・保育施設の運営の基準（確認基準）にもとづき，給付費の支払いを受ける（正確には代理受領する）資格があることが確認された施設をいう（子育て支援34条2項）。

子ども・子育て支援法の施行日以前からある幼稚園・保育所などについては，同法の施行日に，この確認があったものとみなされている（子育て支援附則7条）。ただし，保育所利用の場合のみ，市町村の保育実施義務が維持されたので，保護者と市町村との契約という形をとり，保育料も市町村が徴収し，私立保育所には委託費が支払われることとなっている（子育

図表 4－1　子ども・子育て支援新制度のもとでの多様な施設・事業

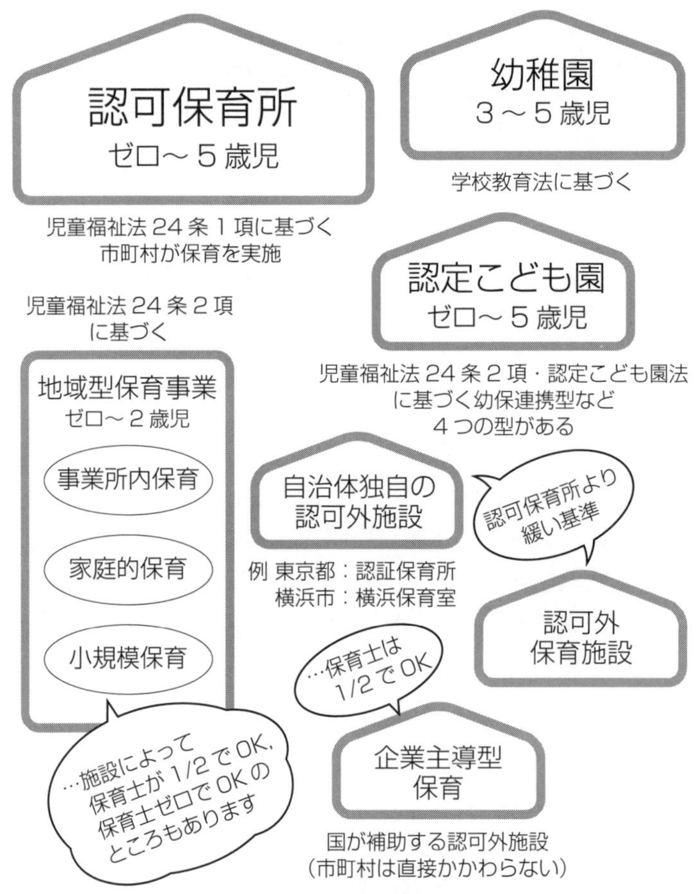

注：ふきだし内は，認可保育所の職員配置基準との比較。
出所：『ちいさいなかま・2021 年 1 月臨時増刊号／保育制度のきほん』（ちいさいなかま社）13 頁。一部修正。

て支援附則 6 条 1 項)。

(2) 保 育 所

支援制度のもとで，施設数・利用者数とも最も多いのが保育所である。2012 年の児童福祉法の改正では，保育所は「保育を必要とする乳児・幼児を日々保護者の下から通わせて保育を行うことを目的とする施設」(児福39条1項)と規定され，支援制度のもとでは，保育所は利用定員が20人以上であるものとされ，20人未満になると，小規模保育事業とされる。

設置者は，国・地方公共団体，社会福祉法人などだが，国や地方公共団体以外の者が設置する場合には，都道府県知事の認可を受けた認可保育所でなければならない。この認可の基準は，国の定める基準(「児童福祉施設の設備及び運営に関する基準」厚生省令)にもとづき都道府県が条例で定める(児福45条1項)。支援制度では，これに加えて，特定教育・保育施設としての保育所の確認の基準を，国の定める基準(「特定教育・保育施設及び特定地域型保育事業の設備及び運営に関する基準」内閣府令)にもとづき市町村が条例で定める(子育て支援34条3項)。ただし，支援制度では，認可と確認は一体的に運用されている[(1)]。

前述のように，児童福祉法24条1項には，市町村の保育所保育の義務(保育実施義務)が規定されているので，保育の実施は，市町村が設置管理する公立保育所で行うのが基本となるが，私立の認可保育所に委託することも可能で，この場合には，市町村と私立保育所との間に委託関係が成立する。そして，2012年改正前の児童福祉法の下での保育制度(以下「旧制度」という)では，保育を必要とする子ども(旧制度では「保育に欠ける」子ども)については，保育所での保育が原則であったが，支援制度では，この保育所保育の原則を崩し，市町村が保育実施義務をもたない，保育所以外の認定こども園など(以下「直接契約施設・事業」という)での保育も給付の対象とし，保育所保育と同列に位置付けた。

支援制度になって，公立保育所の統廃合や認定こども園化などが徐々に進み，1990年代後半から増大し続けた保育所数は，2015年の2万3533か所から，2023年4月で2万3806か所と微増になっている。保育所の利用者数は減少が続き，2015年度では220万人であったが，2023年4月時点で，191万人となっている(こども家庭庁調べ。以下の数値も同じ)。これに

---

(1)　常森裕介「保育における認可の意義――質の確保の視点から」社会保障法研究14号(2021年)140頁参照。

対して，保育所以外の直接契約施設・事業の利用者数は，同時点で約63万人にまで増加しており，保育所等を利用する子ども全体の3割程度を占めている。市町村の保育実施義務がある保育所から，それがない認定こども園など直接契約施設への移行が進んでいるといえる。

(3) 認定こども園

支援制度のもとでの認定こども園には，①幼保連携型認定こども園，②保育所型，③幼稚園型，④地方裁量型の4種類がある。

このうち，①の幼保連携型認定こども園は，義務教育およびその後の教育の基礎を培うものとしての満3歳以上の子どもに対する教育および保育を必要とする乳幼児に対する保育を一体的に行う施設である（認定こども園2条7項，児福39条の2第1項）。ここでいう「教育」とは，教育基本法に規定する学校において行われる教育をさし，「保育」とは，児童福祉法に規定する乳幼児を対象とした保育をさすとされている（認定こども園2条8・9項）。幼保連携型認定こども園は，いわば保育所と幼稚園の機能をあわせもつ施設で，学校であると同時に，児童福祉施設でもある。設置者は，国や地方自治体，社会福祉法人，学校法人に限定され（同12条），国・地方自治体以外の法人が設置する場合には，都道府県知事による認可が必要となる（同17条）。幼保連携型認定こども園の設備および運営の基準は，都道府県または指定都市等が条例で定めるが（同13条），園長と園児の教育および保育をつかさどる保育教諭は必置とされている（同14条1項）。保育教諭と任意設置の主幹保育教諭，指導保育教諭は，幼稚園教諭の普通免許状と保育士資格を併有していなければならない（同15条1項）。2012年の認定こども園法（就学前の子どもに関する教育，保育等の総合的な提供の推進に関する法律）の改正では，本則の条文数が16カ条から39カ条へと大幅に増大している。新設された条文の多くは，幼保連携型認定こども園に関するものであり，幼保連携型認定こども園は，法案修正によって廃案となった総合こども園法案の「総合こども園」を衣替えしたもので（第1章3参照），支援制度のもとでの中核的な教育・保育施設とみられるとの指摘もある[2]。

幼保連携型認定こども園以外の認定こども園の類型については，基盤となる施設名からの通称である。②は，保育を必要とする子どもを保育し，さらに３歳以上の保育を必要としない子どもも保育する施設で，③は，３歳以上の保育を必要とする子どもと必要としない子どもを保育するタイプと幼稚園と認可外保育施設（認定こども園法では，これを「保育機能施設」といっている）を一体的に設置し，両者が連携して運営するタイプがある。④は，保育の必要性の有無にかかわらず保育を提供する認可外保育施設（保育機能施設）である。いずれも，都道府県知事の認定を受けることになるが，②保育所型と④地方裁量型については，設置者は法人であればよく，株式会社など企業参入が認められている。また，④は，もともと，最低基準を満たしていない認可外保育施設であり，支援制度では，一定の基準を満たして，市町村長の確認を受ければ，施設型給付費を受ける（代理受領する）ことができる。

施設型給付費は，１カ月単位で支給され，国が政令で定める費用（以下「公定価格」という）から，国が定めた保育料総額を除いた部分で（子育て支援27条３項），国が２分の１，都道府県が４分の１，市町村が４分の１を負担する。公立の場合には，国・都道府県の負担がない。

認定は，保育所として認可されたものや幼稚園として認可されたものなどについて都道府県知事等が行うが，都道府県知事は，条例で定める要件に適合する施設について，供給過剰による需給調整が必要な場合などを除き，認定するものとされている（認定こども園３条５項・７項）。また，市町村長が学校法人または社会福祉法人とあらかじめ締結した協定にもとづき，市町村から設備の貸付け・譲渡などの協力を受け，その市町村と連携のもとに教育・保育等を行う幼保連携型認定こども園が，公私連携幼保連携型認定こども園といわれるもので，市町村長が，公私連携幼保連携型認定こども園の設置・運営を目的とする法人（学校法人または社会福祉法人に限る）として指定したものが公私連携法人とされている（同34条）。

---

(2)　田村和之・古畑淳編『子ども・子育て支援ハンドブック』（信山社，2013年）10頁参照。

⑷ 幼稚園

幼稚園は，私立園の場合，特定教育・保育施設として支援制度に入るか（施設型給付費を受けるか），現行制度に残って都道府県からの私学助成および市町村からの就園奨励費補助の対象となり続けるかの選択制がとられている。前者（以下「給付型幼稚園」という）についても，幼稚園のまま特定教育・保育施設として給付を受けるか，認定こども園（幼保連携型認定こども園，もしくは幼稚園型の認定こども園）に移行して給付を受けるか選択できる。公立幼稚園の場合は，公費補助を受けることから，給付型幼稚園に移行することが原則とされたが，国立大学付属幼稚園は，施設型給付費の対象とせず（支援制度へは移行せず），引き続き国立大学法人運営費交付金が支給されている。支援制度の実施以降，2022年までに，全体の2割程度の幼稚園が支援制度に移行している。

給付型幼稚園に支給される施設型給付費は，やや複雑な財政構造となっている。すなわち，幼稚園が受け入れる1号認定子ども（3歳以上で保育を必要としない子ども）については，私学助成が都道府県ごとに異なったレベルにあるため，全国統一費用部分（72.5%）と地方単独費用部分（27.5%）の2階建ての財政構造となっている。全国統一費用部分は利用者負担（国基準）と公費負担部分（国2分の1負担，都道府県，市町村はそれぞれ4分の1負担）と，認定こども園への施設型給付費と同じだが，地方単独費用部分は，都道府県と市町村とが折半し，どの程度の設定にするかは，各自治体に委ねられている。また，支援制度に移行しても，特別支援教育経費に関わる特別補助などについては，私学助成が一部支給されている。幼稚園の預かり保育は，私学助成での対応に加え，給付型幼稚園については，子ども・子育て支援地域事業としての一時預かり事業でも対応することができる。

幼稚園の場合は，認定こども園になるという選択肢もあるが，支援制度では，市町村の判断で，幼稚園のまま3歳以上で保育の必要性のある子ども（2号認定の子ども）を受け入れることが可能な仕組みとなっている。しかし，多数の1号認定の子ども（3歳以上で保育を必要としない子ども）の中に少数の2号認定の子どもを受け入れて，適正な保育環境が確保できるか懸念される。1日のうちでも，1号認定の子ども（4時間）と2号認定の子ども（8時間または11時間）とで保育時間が異なり，保育者の負担が大きいうえ，幼稚園が休園となる土曜日や夏休みなど長期休暇中の保育をどう確保するかなど課題が多い。

2 子ども・子育て支援新制度のもとでの事業の多様化

(1) 地域型保育事業の概要と家庭的保育事業

一方，地域型保育給付費の支給対象となるのが地域型保育事業で（子育て支援46条1項），児童福祉法24条2項で「家庭的保育事業等」と総称される家庭的保育，小規模保育，居宅訪問型保育事業，事業所内保育事業の4事業がある（図表4－1参照）。

家庭的保育事業等の認可は市町村が行い，国の基準（「家庭的保育事業等の設備及び運営に関する基準」厚生労働省令。以下「家庭的保育事業等基準」という）にもとづき，市町村は条例を制定しなければならない（児福34条の16第1項）。同時に，確認の基準についても，家庭的保育事業等基準にもとづいて，市町村が条例で制定する（子育て支援46条1項）。家庭的保育事業等基準で「従うべき基準」となっているのは，人員，その他子どもの適切な処遇に関わる事項等であり，保育所については従うべき基準となっている設備・面積に関わる基準は，「標準とすべき基準」となっている[(3)]。

家庭的保育事業は，①家庭的保育者が，その居宅やその他の場所において，保育を必要とする3歳未満の子どもの保育を行う事業（利用定員が5人以下），②満3歳以上の幼児にかかる保育の体制の整備の状況その他の地域の事情を勘案して，保育を必要とする3歳以上の子どもに対して，家庭的保育者の居宅やその他の場所において，家庭的保育者による保育を行う事業をいう（児福6条の3第9項）。①が基本であり，②は保育所などの整備が十分でない地域で特例的に認められる。通常は，家庭的保育者が，

(3)　衣笠葉子「子ども・子育て支援新制度を契機とした国と地方の役割・権限の変化と保育の実施義務」社会保障研究3巻2号（2018年）195頁は，この相違について，保育所の認可基準と比較した規律密度の違いと説明する。

保育所と連携しながら，自身の居宅などで，3人以下の3歳未満児を対象に保育を実施する。実施形態には，家庭的保育者が市町村と委託契約を結んだ保育所と連携を図りながら行う個人実施型と，保育所が雇用する家庭的保育者が当該保育所と連携を図りながら行う保育所実施型がある。

家庭的保育事業は，前述のように，2000年に国庫補助事業となり，2008年の改正で，児童福祉法24条2項に位置付けられ，保育所の補完的な役割を担うものとして，2010年より，市町村の委託事業となった（第1章3参照）。同事業は，2012年の児童福祉法の改正で，子ども・子育て支援法制定に合わせて，定義が改められ，法制度上の位置づけも変更された[4]。市町村の委託事業から，地域型保育事業の1つに位置づけられ，家庭的保育事業者と保護者との直接契約となり，支給認定を受けた子どもが家庭的保育を利用した場合に，事業者は地域型保育給付費を代理受領する独立採算制の事業となっている。

家庭的保育の保育者は，家庭的保育者認定研修と子育て支援員研修を修了（保育士などは研修が一部免除）した保育士，または保育士と同等以上の知識・経験を有すると市町村長が認めたものである。家庭的保育事業の認可基準は，保育者は3対1の配置基準で，給食は自園調理を基本とするが，連携施設等からの外部搬入も認めている。人員配置基準は，数字的には，保育所の配置最低基準に合致しているが，広いスペースに複数の保育士が在籍する保育所と異なり，家庭的保育の場合は，狭い密室に家庭的保育者1人で保育に従事することとなり，保育者はトイレにいくこともままならないなど課題が多い。

(2) 小規模保育事業，居宅訪問型保育事業と事業所内保育事業

小規模保育事業には，定員が6人～19人で，保育所分園に近い類型のA型，支援制度導入以前に存在していた家庭的保育（同一施設内で複数の家庭的保育を実施するグループ型小規模保育）に近い類型のC型，そして両者の中間的な形態であるB型の3類型がある。A型は従来の保育所分園方

(4) 磯谷ほか100頁（浦弘文／掛川亜季執筆）参照。

式と同様の考え方で，基本的に認可保育所の基準が適用される。C型は，基本的に家庭的保育事業と同様の基準となっている（定員は2ユニット10人以下）。職員配置については，認可保育所と同水準となっているが，保育者の資格要件について，A型は，配置基準上すべてが保育士とされているが，B型は，保育士資格者は2分の1でよく，C型は，家庭的保育の保育者と同様とされている。また，給食についても，家庭的保育事業と同様に，連携施設等などからの搬入が容認されている。

市町村は，条例により，国の基準である家庭的保育事業等基準（基準省令）より高い基準を設定することができる。たとえば，岡山市や北九州市は，B型の保育士比率を4分の3に引き上げている。本来であれば，小規模保育事業B型でも，全員が保育士資格をもつ保育者の配置とすべきと考えるが，基準省令どおりの条例が制定されている自治体が多い。こうした条例には，コピペ方式と引用方式というべき2類型があることが指摘されている(5)。前者は，基準省令の条項の文言をそのまま引き写した条例であり，後者は，基準省令の該当する条文番号を示して「引用する」と定める条例である。このような条例は，国基準が引き下げられれば，自動的に自治体の基準が引き下げられることとなり，条例制定における自治体の自主性の喪失といってよい。とくに引用方式の場合は，これだけでは何が定めてあるか全くわからず，法令の体をなしておらず，自治体自らが条例制定権（憲法94条）を放棄しているに等しい。

居宅訪問型保育事業は，保育を必要とする3歳未満の乳幼児の居宅において家庭的保育者による保育を行う事業であり（児福6条の3第11項），保育者が居宅を訪問して保育を行う事業である。昼間の保育が主として想定されているが，家庭的保育事業等基準では「母子家庭等の乳幼児の保護者が夜間及び深夜の勤務に従事する場合への対応」（37条4項）も本事業の対象となっている。夜間や深夜に，保育者が一人で保育することも想定されており，しかも，保育者は研修修了者でよいとされており，子どもの

(5)　田村和之「新保育制度の疑問点・問題点（下）」賃金と社会保障1629号（2015年）47頁参照。

安全確保に課題が残る[6]。

事業所内保育事業は，事業主がその雇用する労働者の乳幼児を保育するために自ら設置する施設などをいう（児福6条の3第12項）。事業所内保育施設を地域の子どもたちにも拡大することで，支援制度の給付対象とされる。定員19以下の場合には，小規模保育A型か，A型の基準が，定員20人以上の場合は，認可保育所の基準が適用される。

これら家庭的保育事業等については，主たる対象者が3歳未満児であること，および少人数保育であることから，集団保育体験など保育内容の支援，保育者の病気などによる代替保育，3歳児以降の受け皿などの役割を担う保育所などの連携施設の設定が，家庭的保育事業等基準において求められている（6条。居宅訪問型保育事業は除く）。しかし，連携施設の設定は，同施設と家庭的保育事業者等の双方にとって大きな負担となっており，保育所などを名目的に連携施設と設定している事業者も少なくない。

いずれにせよ，家庭的保育事業等では，安上がりに供給量を増大させようとする政策意図のため，一定割合の保育者について保育士資格が不要とされるなど，特定教育・保育施設に比べ低い基準となっている。後述のように，こうした低い基準では，子どもにとっても保育者にとっても大きなストレスとなり，事故の増大につながりやすい。

(3) 放課後児童健全育成事業（学童保育）

支援制度では，このほかに，市町村事業として地域子ども・子育て支援事業を実施することとなっているが（第1章6参照），ここでは，地域子ども・子育て支援事業のうち，放課後児童健全育成事業（以下，通称の「学童保育」という）について検討する。

2012年の児童福祉法の改正により，学童保育の対象者について，従来の「小学校に就学しているおおむね10歳未満の児童」から「小学校に就学している児童であつて，その保護者が労働等により昼間家庭にいないも

(6) 同様の指摘に，藤井伸生「小規模保育など地域型保育給付事業」保育研究所編『ポイント解説・子ども・子育て支援新制度――活用・改善ハンドブック』（ちいさいなかま社，2015年）52頁参照。

の」に拡大され，その児童に「授業の終了後に児童厚生施設等の施設を利用して適切な遊び及び生活の場を与えて，その健全な育成を図る」ことを目的にした事業と規定された（児福6条の3第2項）。

学童保育の基準については，国の基準（「放課後児童健全育成事業の設備及び運営に関する基準」厚生労働省令。以下「学童保育基準」という）を踏まえ，市町村が条例で定める（児福34条の8の2）。認可基準は条例の制定による（児福34条の16第1項）。事業者に対する指導・監督権限は，市町村長にある（同法34条の8の3）。利用手続きは市町村が定め，利用状況を随時把握し，利用調整も行うこととなる。

これまで，設備・運営はもとより職員配置についても基準がなかった学童保育について，支援制度になり，「放課後児童支援員」（以下「指導員」という）という資格者の配置が定められ，基準が児童福祉法令の体系に位置づけられた点は評価できる。しかし，開所日数・時間，設備などの基準は「参酌基準」とされ，また，当初は，指導員資格を有する者を「支援の単位」ごとに2人以上配置することが「従うべき基準」とされていたが，自治体からの要望を受けて，策定からわずか5年で，「参酌基準」に変更とされた。また，指導員は，保育士や教員免許保持者などに加えて，都道府県知事が行う研修を修了した者とされているが（学童保育基準10条3項），認定資格の研修は，時間も短く十分とはいいがたい。設備面では，学童保育を行う場所に「専用区画」と「支援の提供に必要な設備及び備品等」を備えなければならないとし，「専用区画」については，児童1人につきおおむね1.65m^{2}以上でなければならないとされている（学童保育基準9条）。ただし，これらの基準も「参酌基準」のため，市町村格差は残されたままである。

現在，学童保育の事業所（施設）数は2万4414，入所児童数は134万8122人である（2022年5月1日現在，全国学童保育連絡協議会調べ。以下の数値も同じ）。待機児童も全国で約1万人にのぼる。学童保育基準で示されている「おおむね40人以下」の子ども集団の人数規模で運営されているところは全体の約6割で，人数規模が100人を超えるところもある。運営主体は，公営が全体の3割弱にすぎず，民間企業への委託による運営が急激に増えている。

⑷　企業主導型保育事業

2016年に，子ども・子育て支援法が改正され，仕事・子育て両立支援事業が創設された（子育て支援59条の2）。これは，事業所内保育事業を行う認可外保育施設等の設置者に対して助成等を行う事業で，その中核をなすのが企業主導型保育事業である。

企業主導型保育は「児童福祉法第59条の2第1項に規定する施設（同項の規定による届出がなされたものに限る。）のうち同法第6条の3第12項に規定する業務を目的とするもの…の設置者に対し，助成及び援助を行う事業」（子育て支援59条の2第1項）と定義されている。児童福祉法59条の2第1項に規定する施設とは認可外保育施設であり，企業主導型保育事業は，届出を行った認可外保育施設に対して，事業主拠出金を財源に，運営費補助等を行う事業である。施設の設置や利用について市町村の関与がなく，利用は保護者と施設との直接契約となる。また，財源が事業主拠出金のため（子育て支援69条），拠出金の対象となる厚生年金加入者（従業員）の子どもを受け入れる従業員枠を設けることが必須となる。ただし，従業員以外の子どもを受け入れる地域枠を設定することもでき，地域枠は，当初は施設の利用定員の50％以内とされていたが，企業主導型保育事業を事実上，待機児童の受け皿とすることを目的に，現在は，従業員枠が1名でもあれば，あとはすべて地域枠でもよいことになっている。従業員の子どもが利用する場合には，支給認定を受ける必要はないが，保護者のいずれもが就業しているなどの要件を満たす必要があり，地域枠を利用する子どもは，原則として支給認定を受ける必要がある。企業主導型保育事業の実施者は，事業所内保育事業の設備及び人員基準を遵守しなければならず，職員の配置基準は小規模保育事業Ｂ型と同じで，職員（保育者）は2分の1までは保育士資格者でなくてもよいとされている。ただし，2020年度より，定員20人以上の保育事業者設置型は，4分の3以上は保育士であることが必要となっている。設備及び人員基準の遵守が補助の条件（補助基準）となっており，都道府県知事による指導監督を受け（児福59

条)，認可外保育施設指導監督基準を遵守しなければならない。公益財団法人児童育成協会を通じて，整備費・運営費の助成金が支給され，整備費については認可保育所と同水準，運営費については小規模保育事業と同水準になっている。

企業主導型保育事業は，審査が認可保育所に比べ各段に緩く，しかも認可保育所並みの整備補助金が出るということで，急速に広がったが，2018年後半には，放漫経営による定員割れや閉鎖，不正受給が相次ぎ，詐欺事件で逮捕者まで出た。内閣府の調査でも，2016〜2017年に助成決定された2736施設のうち，取りやめ225施設，取り消し2施設，事業譲渡44施設，破産・民事再生10施設，休止12施設，定員充足率22.3%（2017年3月）とずさんな経営実態が明らかになっている。2019年には，会計検査院から定員充足率の低さが指摘され，改善を求められている。これを受けて，内閣府は，有識者による検討委員会を立ち上げ，2018年3月に，審査の強化，補助実施機関の再公募（結局，児童育成協会が再委託を受けた）などの内容の報告を取りまとめた。しかし，2021年の公益法人の立入調査結果では，開所時間のすべてにおいて必要な保育士が確保できていないなどの指導を受けた施設が対象施設の1割近くにのぼっている。

そもそも，企業主導型保育事業は，認可外保育施設であり，認可保育所に準じた待機児童の保育の受け皿として位置づけることには，質の面で大きな問題がある[(7)]。事業実施に自治体が責任を負わない体制であり，制度を廃止し，認可保育所への移行を図るべきと考える。

3 子ども・子育て支援新制度における施設・事業の現状と問題点

(1) 持ち込まれた保育水準の格差

これまで考察してきたように，支援制度では，保育所以外の認定こども園など，多様な施設・事業が並存する仕組みとなっているが（図表4-1参

(7)　同様の指摘に，中野妙子「子どもの保育——子ども・子育て支援新制度の効果と課題」論究ジュリスト27号（2018年）92頁参照。

照)，0～2歳児を対象とする小規模保育事業など地域型保育事業の保育水準が，保育所保育のそれに比して低くなっているという問題がある。

とくに小規模保育事業については，定員規模が小さいことを理由に，国基準では，保育所に比べ保育者の資格要件を緩和している（B型については保育士資格者が2分の1など）。とはいえ，幼稚園には定員の下限がないことを考えれば，20人という認可保育所の定員の下限を引き下げることで対応が可能なはずで，わざわざ新たな事業を創設する必要はなかったはずである。支援制度のもとで小規模保育事業などが創設されたのは，保育所より低い保育水準の事業を創設することで，その公定価格（公費）を低く設定できるため，いわば安上がりに供給を増やすことができると考えられたからである。同時に，地域型保育事業への企業参入を促し，それによって保育提供の量的拡大を図る意図がある。

こうしたダブルスタンダードの基準設定により，支援制度のもとでは，従来の保育所保育という標準的な保育水準が相対化され，多様な保育水準（というより，保育所保育より低い保育水準）の施設・事業が，保育所と同列に扱われ並立することとなっている(8)。しかし，このことは，保育所などを利用する子どもと小規模保育事業などを利用する子どもの保育や発達保障に，許容できない格差を生み出すことを意味する。同じ保育を必要とする子どもと認定されながら，利用する（できる）施設や事業者によって基準が異なり，その保育水準に格差が生じるのでは，平等原則（憲法14条）違反ではなかろうか。

また，前述のように，保育所を利用する子どもと認定こども園などの直接契約施設・事業者を利用する子どもとの間には，市町村の保育実施義務に違いがあり，ここでも格差が持ち込まれている（第2章3参照）。支援制度において保育所と小規模保育事業などが併存する仕組み（保育水準や市

---

(8) 認可外保育施設は，施設型給付費の対象から外されたが，認定こども園については，これまで財政支援がなかった地方裁量型の認定こども園（認可外保育施設）が施設型給付費の対象とされた。東京都の認証保育園は，認可外保育施設のうち都が決めた独自の基準をクリアした施設に補助金を出してきた施設だが（認可保育所に比べ基準が低かった），支援制度のもとで，認定こども園に移行して，施設型給付費の対象となっている。

町村の保育実施義務の相違などの格差を許容する仕組み）には問題があり，後述のように，こうした格差の是正が必要であろう。

(2)　子ども・子育て支援事業計画の策定とその問題点

子ども・子育て支援法では，各市町村に，5年を1期とする市町村子ども・子育て支援事業計画の策定が，各都道府県に，同じく5年を1期とする都道府県子ども・子育て支援事業支援計画の策定が義務づけられている（子育て支援61条1項・62条1項）。2019年度に，実施後5年目の制度の見直しがなされ，2020年度から第2期の計画が実施されている。

市町村子ども・子育て支援事業計画には「教育・保育提供区域の設定」「特定教育・保育施設にかかる必要利用定員総数」「特定地域型保育事業所（事業所内は除く）にかかる必要利用定員総数」（子育て支援61条2項1号），その他の教育・保育施設の見込量，教育・保育の提供体制を必ず盛り込む必要がある。これにより，区域を設定したうえで，計画的な教育・保育施設など提供体制の確保，人材確保が進むかにみえるが，市町村や都道府県には計画を策定する義務があるだけで，計画どおりに整備が進まなかったとしても何ら責任を問われない。しかも，教育・保育提供区域において，都道府県の支援計画の目標供給量を超えた場合には，都道府県知事の権限において新規の認可や更新を行わない需給調整の仕組みが導入されている（保育所について，児福35条8項）。給付費の増大を抑制するため，あらかじめ，公費がかかる施設（とくに保育所）の増設を抑制する仕組みといえる。

子ども・子育て支援事業計画を策定する地方版子ども・子育て会議に，保護者代表や保育関係者など当事者が積極的に参加し，子ども・子育て支援事業計画に現場の意見を反映していくべきだといわれる。しかし，支援制度の内容が複雑で，十分な理解ができていない会議構成員が多く（国の子ども・子育て会議ですら支援制度の内容をよく理解していない委員も散見される），少なくない市町村では，コンサルタント会社に依頼して，事業計画案を策定し，地方版子ども・子育て会議は，提示された事務局案を単に追認する機関と化している。

⑶　認定こども園の現状と進む公立保育所の認定こども園化

支援制度実施後，保育所から認定こども園への移行の誘導が行われてきた。とくに，幼保連携型認定こども園については，幼稚園児受け入れのための定員を設定しなくても，学校教育を行う体制が整備されれば，幼保連携型認定こども園の認可が受けられるよう法令が変えられ，設置が誘導された。また，近年では，全国的に既存の公立保育所と公立幼稚園を統廃合して，認定こども園化する動きが広がっている。

認定こども園については，支援制度がはじまった2015年当初，保育所との間に極端な公定価格の単価格差は設定されず（ただし，事務職員配置のための単価差はついた），定員規模が大きい認定こども園ほど園児１人当たりの額が減る設定となったため，認定こども園の認定を返上し保育所・幼稚園に戻る施設もあらわれた。その後，公定価格の引き上げが行われ，公立保育所の認定こども園化も進んだため，施設数は，2015年４月時点の2800施設から，2022年４月時点で9220施設（このうち，公立施設は1414施設）にまで増加している（内閣府調べ）。この増加は，新設ではなく，既存の幼稚園・保育所からの移行が大勢を占めている。

公立保育所の認定こども園化については，既存の公立保育所と公立幼稚園を統廃合して認定こども園とする動き（「統合型」）とともに，公立保育所もしくは公立幼稚園をベースに認定こども園化する動き（「非統合型」）もみられる。前者の「統合型」の場合，既存施設が統廃合されるため，従来よりも通園距離が遠くなり，公立施設を希望する保護者のニーズに対応できなくなるという問題が生じている。また，既存施設を集約化することで，施設が大規模化する（定員200人以上）傾向にあり，現在の保育所が行っているような異年齢児の交流は困難となっている。さらに，１号認定子どもと２号認定子どもの在園時間が異なり，たとえば，１号認定子どもの降園後や長期休暇中には，２号認定子どもだけで新しい取組みは行わないなど，保育の組み立てに課題が生じている。後者の「非統合型」の場合は，在園時間の違いによる課題は基本的に同じであるが，従来の保育所をベースに１号認定子どもを少人数しか受け入れない場合には，大規模化には至らず，保育の組み立ても柔軟な対応がなされているところが多いようである。

⑷　地域型保育事業の増加と企業参入の問題点

地域型保育事業については，支援制度実施後，保育所等に比較して事業件数が大きく増加し，2015年４月時点の2737件から，2023年４月時点で7512件の増加となっている（こども家庭庁「保育所等関連状況取りまとめ」2023年９月）。中でも，小規模保育事業の認可件数が突出しており，６割以上を占めている。小規模保育事業の運営主体の構成は，営利法人51.1%，その他法人21.4%，社会福祉法人18.2%となっている（厚生労働省「社会福祉施設等調査」2021年）。小規模保育事業は設置が容易なこともあり，営利法人の参入，つまり企業参入により供給量は増えているものの，前述のように，保育所にくらべ保育水準が低く，保育の質の確保が課題となっている。子どもの権利保障の観点からすれば，後述のように，基準の引き上げが急務といえる。

また，企業参入に起因する問題がある。保育所は，児童福祉法にもとづく児童福祉施設（同39条），幼稚園は学校教育法にもとづく学校教育施設（同22条）となっているが，保育所は，児童福祉施設とはいえ，事業主体に制約のない第２種社会福祉事業（社福２条３項２号）であり，株式会社などの企業も運営主体となれるのに対して，学校である幼稚園は，株式会社（営利法人）による運営が認められていない。幼保連携型認定こども園は，児童福祉法上の児童福祉施設であると同時に，教育基本法上の学校に位置づけられているため（認定こども園２条７項），株式会社による運営は認められていない。

支援制度では，企業参入を容易にするために，個人給付・直接契約方式に転換し，保育の基準を引き下げた。企業が運営する認定こども園や地域型保育事業では，繰入れや配当に関する規制はなく，また，代理受領した給付費（施設型給付費や地域型保育給付費）には，使途制限がないので，収益として株主の配当に回すことが可能となる。しかし，給付費の原資は公費（税金）である。国民の支払った税金が，保育士の人件費などの福祉事業のためではなく，収益とされ株主の配当に回される仕組みそのものに問題があるといわざるをえない。さらに，収益があがらないとなれば，企業は容易に事業から撤退していくだろうから，安定的・継続的な保育の提供が困難となる。ある日，突然，認定こども園や小規模保育事業所が閉鎖され，子どもが行き場をなくし，保護者が途方にくれる事態も生じうる。子ども・子育て支援法は，特定教育・保育施設や事業者に対して，撤退規制（撤退段階の要件）を課しているが，その内容は，①利用定員の減少などの事前届出を行わせる（子育て支援35条2項，47条2項），②確認辞退の予告期間（3ヵ月以上）を設定する（同36条，48条），③利用している子どもが他の特定施設・事業者を継続的に利用できるようにするための連絡調整義務を当該施設・事業者に課す（同34条5項，46条5項），④市町村長などが関係者相互間の連絡調整等を援助することができる（同37条，49条）といったものである。特定施設・事業者が連絡調整義務を果たさなかった場合の罰則があるわけでもなく，これらの規定は，特定施設・事業者が自由に撤退できることを前提とした，撤退の際の手続的規制にすぎず，実効性に欠ける。

一方で，地方では，過疎化が進み，人口の著しい減少により，保育所の入所者が20人を切り，数人というところも珍しくない。支援制度では，子どもが6人から19人までの保育所は，保育施設で保育が行われていても，児童福祉法上の保育所（児童福祉施設）とは認められず，地域型保育給付の対象となる小規模保育事業者となる。小規模保育事業の場合，児童福祉法24条1項の市町村の保育実施義務が及ばず，保護者と事業者との直接契約となる。私見では，定員の少ない小規模の保育所については，基準を下げた小規模保育事業してではなく，一定の基準を確保した小規模定員の認可保育所として認めるべきと考える。ただし，公立保育所については，入所の子どもが減少して，小規模保育事業に移行した場合，国の負担が2分の1ある施設型給付費が支給されるため，単価は低くとも，国の負担がなく一般財源化されている現在よりも，市町村負担が減る一方で運営費が増える可能性がある。この点は有効に活用すべきかもしれない(9)。

(9) 同様の指摘に，杉山隆一「『新制度』のもとで議論すべき点」中山徹・杉山隆一・

④ 最低基準にもとづく子どもの保育利用の権利

(1) 最低基準の地方条例化と保育利用の権利

市町村に保育実施義務のある保育所保育では，保育提供を行う保育所は，保育所の人員配置や設備・運営に関する基準，すなわち最低基準（以下，保育所のそれを「保育所最低基準」という）を充足した認可保育所でなければならないことから，保育所を利用している子どもが，保育所最低基準にもとづく保育利用の権利を有するかが問題となる。

この権利を肯定した事例もあるが（神戸地決1973年3月28日判時707号86頁），近年では，否定する裁判例（名古屋地判2009年11月5日賃社1526号50頁など）が散見される。名古屋地裁の事案は，愛知県田原市立保育所に入所する子どもの保護者である原告らが，内閣総理大臣が構造改革特別区域法4条8項にもとづき，同市に対してした構造改革特別区域計画の認定が違法であるとし，その取消しを求めた事案である。2007年4月に，田原市は，市立保育所を開設したが，給食については，外部搬入（給食センター）方式をとっていた。当時の児童福祉施設最低基準11条によれば，保育所での給食は，保育所内に調理室を設置して行う自園調理方式が義務付けられており，外部搬入方式は同基準に違反していた。そこで，同市は，特例的に外部搬入方式が認められる構造改革特別区域計画の認定を申請し，2008年6月に，内閣総理大臣はこれを認定した（以下「本件認定」という）。これに対して，同保育所の園児の保護者が原告となり，保育所において自園調理による給食の提供を受ける権利または法的利益を有することを主張して，本件認定の取消訴訟を提起したのが本事案である。名古屋地裁判決は，本件認定が取消訴訟の訴訟要件たる行政処分に該当しないとして，原告らの訴えを却下したうえで，保育所における食事の提供に当たっては，子どもの発育・発達状況に応じ，健康を害しないよう，アレルギー等に対応することに留意するほか，食を通じた子どもの健全育成に配慮することが求められ，「これらを満足させるための基準として」，児童福祉施設最低

保育行財政研究会編著『テッテイ解明！子ども・子育て支援の新制度――今考えること，取り組むこと』（自治体研究社，2012年）104頁参照。

基準において自園調理方式が定められているが，「外部搬入方式によったとしても上記の事柄を満足させることが不可能になるもの」ではないとして，「保育所に入所する児童やその保護者が，自園調理による給食の提供を受ける権利又は法的利益を有すると解することは困難である」と判示したのである[10]。

しかし，そもそも，最低基準は憲法25条1項の「健康で文化的な最低限度の生活」を具体化したものであり法規性を有し，また児童福祉法の趣旨からも，児童福祉施設たる保育所に入所している子どもは，最低基準にもとづく保育利用の権利を有すると解するのが妥当だろう[11]。ただし，2011年の第1次一括法による最低基準の地方条例化で，児童福祉施設の最低基準が設備・運営の基準として自治体の条例で定められることとなり，最低基準そのものが「従うべき基準」以外は全国一律のものでなくなっている（第1章3参照）。少なくとも，国が定める基準のうち，「従うべき基準」とされている①人員配置基準，②居室面積基準，③人権に直結する運営基準（保育所でいえば保育所保育指針，給食調理室など）については「条例の内容を直接的に拘束する，必ず適合しなければならない基準」であり，全国共通のナショナルミニマムといえ，この限りでは，この基準に沿った子どもの保育利用の権利を観念することは可能である。しかし，「参酌すべき基準」については，自治体ごとに条例により異なった基準を設定できるため，こうした権利を観念することは難しく，結果として保育水準の地域格差が生まれ，子どもの発達保障に格差を生み出している。

---

(10)　この事案は，田原市の認定の申請自体が，当時の児童福祉施設最低基準が自園調理方式を義務づけた趣旨を空洞化させる脱法行為といえ，名古屋地裁判決は，同市の児童福祉施設最低基準違反を追認することになっており問題がある。なお，2010年4月には，児童福祉施設最低基準（省令）が改正され，3歳以上児の給食については，自園調理方式ではなく，外部搬入方式が認められた（第1章3参照）。規制緩和によって最低基準の空洞化が行われたといえる。

(11)　学説も同様の見解を示すものが多い。田村和之「児童福祉施設最低基準をめぐる法的諸問題──保育所の最低基準を中心に」賃金と社会保障1526号（2010年）47頁参照。

(2) 子ども・子育て支援新制度のもとでの最低基準にもとづく保育利用の権利

支援制度では，保育所のほかに認定こども園や地域型保育事業など，給付対象となるさまざまな施設・事業者が併存し，施設・事業者ごとに異なる基準が設定されている。その結果，保育を必要とすると認定された子どもが，利用する（できる）施設・事業者によって最低基準（保育水準といってもよい）が異なるという問題が生じている。支援制度のもとでは，最低基準（保育水準）が多様化しているため，最低基準にもとづく保育利用の権利が一律に観念できなくなっている。

とくに問題なのは，地域型保育事業のうち家庭的保育事業，小規模保育事業Ｂ・Ｃでは，保育士資格のない保育者による保育提供が認められている点である。保育所保育が原則であった旧制度のもとでは，保育所の保育者は全員保育士資格者であることが求められるため，最低基準にもとづく保育利用の権利は，保育士（資格者）による保育を受ける権利と同義となっていた。しかし，前述のように，家庭的保育事業や小規模保育事業Ｂ・Ｃの保育者には保育士資格でない者も認められているため，その事業者を利用する子どもには保育士（資格者）による保育を受ける権利は必ずしも保障されないこととなる。保育士という専門職による保育が保障される子どもとそれが保障されない（保育士資格のない保育者による保育を受ける）子どもとで格差が生じるわけである。

後述のように，保育の専門性の欠如は，保育事故につながりやすく，子どもの安全や命を守るという意味でも，保育士資格者による保育を受ける権利は，保育を必要とするすべての子どもに保障されるべきと考える。

5 保育事故と子どもの権利保障

(1) 保育事故の増大と実地検査の規制緩和

これまで考察してきたような基準の引下げなどの規制緩和は，保育現場での事故（保育事故）の増大をもたらしている。保育分野の規制は，子どもの発達を保障し，安全と命を守るためのものであり，この間の規制緩和の政策は，子どもの権利（発達保障の権利のみならず，死亡事故の場合には，生命権ともいうべき究極の人権）の侵害をもたらしている。

なかでも，保育士の資格要件の緩和は，人件費を抑制し，企業参入を容易にするため，つまり安上がりで保育者を確保する目的で行われているが，保育の専門性を無視した考えも根底にある。育児が家庭内での女性の仕事とみなされ，保育士として職業化されても（実際，保育士をはじめケア労働者には女性が圧倒的に多い），専門性が軽視され，賃金が低く抑えられているジェンダー問題が背景にある。

資格要件の緩和にともなう保育の専門性の低下は，保育現場での事故に結びつき，子どもの命を危機にさらす。実際，保育士資格者が少ない認可外保育施設では，とくに0〜1歳児について命に係わる重大事故が集中的に発生している。内閣府が公表している「教育・保育施設等事故報告集計」によると，2004年から2019年の16年間に保育施設等で死亡した子どもは205人にのぼり，うち約8割が0〜1歳児で，死亡事故発生率を認可保育所（保育者全員が保育士資格者）と認可外保育施設で比較すると，認可外保育施設の死亡事故の発生率が認可保育所の25倍以上となっている。規制緩和を進め，無資格者による保育を許容し常態化させている政策は，子どもの安全や命をないがしろにしているというほかない。

保育者がすべて保育士資格者である保育所においても，この間の規制緩和の影響で，重大事故（死亡事故や治療期間30日以上の負傷や疾病，意識不明の事故等を伴う重篤な事故など）が急増している（先の内閣府集計によれば，2015年の344件が，2021年には1191件と，6年間で3.5倍に増えている）。また，保育所等の園外活動において，子どもが散歩先の公園などで取り残されたまま保育者がその場を離れるような事案が多発しており，園児が送迎バスに置き去りにされ，熱中症で死亡するという悲惨な事故が，2021年7月には福岡県の保育所で，2022年9月には静岡県の幼保連携型認定こども園で，立て続けに起きている。厚生労働省は，通知などで，現場対応の徹底を求めているが，事故多発の背景には，子どもの安全を守れない低い保育士配置基準があることは間違いない。

児童福祉法では，都道府県や指定都市，中核市に年1回以上の保育施設への実地検査（現地立ち入りによる指導監査）を義務付けている。しかし，認可保育所の実地検査実施率は，コロナ禍前の2019年度でも約６割で，コロナ禍の2020年度以降は３割台にとどまっている。このような状況にあるにもかかわらず，厚生労働省は，政令改正により，2023年度から，実施検査に代わる例外対応（書面やリモートなど施設に足を運ばない監査方法）を可能とする規制緩和を行った。例外対応は，天災などのほか，施設等を設置してから３年経過などの要件が示されているが，これで子どもの安全が担保されるかは疑問である。自治体が100％実施検査できていない背景には，監査に必要な人員が確保できないなど職員体制の問題がある。政令を元に戻し，国が財政支援を行い，必要な職員体制を確保したうえで，年１回以上の実施検査の実施義務を徹底させる必要がある。

⑵　保育所内での事故と国家賠償責任

公立保育所内の事故については，保育士（公務員）の過失・違法性が認定されれば，市町村が国家賠償法上（１条１項）の賠償責任を負う。問題は，社会福祉法人などが運営する私立保育所での保育事故について，国家賠償責任が問えるかである。

都道府県の措置により社会福祉法人の設置運営する児童養護施設に入所した要保護児童に対する傷害事件の事案において，施設における養育監護行為も国家賠償法１条１項に定める「公権力の行使」に該当し，当該施設の長および職員は公権力の行使に当たる公務員に該当するとして，都道府県の国家賠償責任を認めた裁判例（最判2007年１月25日民集61巻１号１頁）がある。この判決は，措置以外の保育所や母子生活支援施設については射程外とされているが[12]，私立保育所での事故の場合も，市町村には保育の実施義務があり，市町村長からの委託を受けて保育が実施されている以上（児福24条１項），公立保育所と同様に，市町村の国家賠償責任を問うことができると解される。

私立保育所での事故について町の国家賠償責任を否定した裁判例（浦和地熊谷支判1991年10月27日判例集未登載）もあるが（この判決は，保育と

(12)　磯谷ほか316頁（藤田香織／横田光平執筆）参照。

いう業務は公権力の行使に当たらないと判断している），学説では，私立保育所における保育が公権力の行使に当たることについて実質的な論拠が提示されており[13]，国家賠償責任を認めるのが妥当である。

(3) 直接契約施設・事業所内，認可外保育施設での事故と国家賠償責任

これに対して，認定こども園や小規模保育事業など直接契約施設・事業所内での事故については，各施設・事業者の民事賠償責任が問われるが，市町村と当該施設・事業者との間に委託関係は成立していないので，市町村の国家賠償法責任が問われることはない。

各運営基準には，特定教育・保育施設や地域型保育事業者は，事故発生の際の対応や賠償すべき事故の場合には，損害賠償請求を速やかに行い，当該事故の状況や事故に際して採った処置について記録しなければならない旨が規定されている（特定教育・保育施設につき運営基準32条，地域型保育事業につき同50条による32条の準用）。なお，独立行政法人日本スポーツ振興センター法に規定されている災害共済給付について，2015年3月に同法の改正が実現し，地域型保育事業も同法の適用が受けられるようになっている。

法的には，子どもの保護者と直接契約施設・事業者との間に結ばれた保育契約（準委任契約）にもとづき保育が提供され，直接契約施設・事業者は受任者として，子どもに対し善管注意義務を負い（民法644条），保育事故は，善管注意義務を果たさなかったという意味で，当該施設・事業者の債務不履行として構成される。一方で，当該施設・事業者の過失による不法行為としても構成される。

もっとも，実際の保育の提供を行うのは，直接契約施設・事業者の履行補助者の立場にある保育士などだが，履行補助者の過失は，債務者（施設・事業者）自身の過失と同一視されるから，当該施設・事業者は，保育事故が生じた場合には，自らも債務不履行責任を負うこととなる（民法

(13) 田村和之『保育法制の課題』（勁草書房，1986年）147頁以下参照。

415条)。同様に，不法行為責任でも，保育士などの過失によって保育事故が生じた場合には（当該保育士に不法行為の要件が成立していることが必要。民法709条)，直接契約施設・事業者は使用者責任（同715条）を負うこととなる。債務不履行構成と不法行為構成との主な相違点は，挙証責任と時効期間について現れるが，現在では，法律上の要件を満たす場合，いずれの責任をも追求することが可能とする請求権競合説が判例・通説である。

認可外保育施設における保育事故についても，保護者（およびその子ども）と施設との直接契約になるため，当該施設での事故に対して，市町村などの行政責任が直接問われることはない。認可外保育施設での乳児の死亡事故について，市と県の国家賠償責任を否定した裁判例がある（千葉地松戸支判1988年12月2日判時1302号133頁)。

(4)　規制権限の不行使と行政責任

一方で，子ども・子育て支援法には，認定こども園や小規模保育事業に対する公的規制の規定があり，認可外保育施設についても，児童福祉法に公的規制（都道府県知事による施設への立入調査，事業停止命令など）の根拠規定（59条）がある。それゆえ，規制・監督権限をもつ都道府県知事などが，権限を適正に行使することを怠ったために，直接契約施設や認可外保育施設において乳幼児に死傷事故が生じた場合には，国家賠償法上（1条1項）の責任が問われる余地がある[(14)]。

---

(14)　2014年7月には，宇都宮市内の認可外保育施設である託児所トイズで，生後9カ月の女の子が熱中症で死亡するという事件があった。託児所側が作成した事故報告では，保育内容に落ち度はみられなかったが，女児の遺体頭部に残された打撲の痕から事件性を疑った遺族が託児所に関する情報提供をブログで呼びかけたところ，トイズに勤務していた元保育者が撮影した画像が遺族に提供された。画像によれば，この託児所では，依然から0〜1歳までの言葉の話せない園児を日中，身動きがとれないよう毛布でくるみ，紐で縛り上げ拘束していた。この園児らは，その後，様々な発達障害を抱えている。また，真夏でも冷房をつけずに，こうした拘束を長時間にわたり行っていたらしく，それが事実であれば，園児が熱中症で死亡したのも，こうした虐待に起因するものと推察される。女児が死亡する2カ月前には，別の男児の爪がはがされるという事件が起きていたことが判明している。指導監督権限のある宇都宮市は，関係者からの告発を受けていたが，その都度，事前連絡してからの立入調査しかしなかったため，現場を押さえることができず，告発は誤報扱いとされていた。女児の遺

児童福祉法59条の規定は，認可外保育施設が保育需要の増大や多様化にともない増大してくる中，施設内での乳幼児の死傷事故が多発するようになったことを受けて，1980年代に加えられた。2001年の改正では，認可外保育施設の設置者の都道府県知事への届出義務（児福59条の2第1項）や報告義務（同59条の2の5第1項）などの規定が加えられた。さらに，同年には「認可外保育施設指導監督基準」（以下「指導監督基準」という）が策定され，認可外保育施設への安全管理や衛生管理等の細則が定められた。これらは，2000年に，神奈川県大和市で起きたベビーホテル内での園長による虐待死事件（スマイルマイム事件）を契機としたもので，認可外保育施設への厳格な規制を課す必要性から，本条が膨れ上がったとされる[(15)]。

もっとも，行政庁の権限の不行使に関しては，行政庁が法令上付与された権限を行使するか否かは，当該行政庁の裁量に委ねられており，規制権限の不行使が国家賠償法上の違法と認定されるためには，一定の要件が必要となる。水俣病訴訟や一連のスモン事件訴訟などで形成されてきた判例理論によれば，違法性認定の要件として，①国民の生命，健康に対する重大な危険が切迫していること（危険の切迫），②行政庁が危険を知り，または容易に知りうること（予見可能性），③規制権限を行使しなければ結果責任を防止しえないこと（補充性），④規制権限行使を要請し期待しうる事情があること（国民の期待），⑤規制権限の行使により容易に結果発生の防止ができること（回避可能性）が挙げられている（熊本地判1987年3月30日判時1235号3頁参照）[(16)]。

保育が，保育を必要とする子どもの「健康で文化的な最低限度の生活」を営むうえで不可欠のものであり，事故などの場合には，子どもの生命・身体・健康に直接被害が加わることを考慮するならば，都道府県知事など

族は，監督義務違反として，宇都宮市に対して国家賠償を請求し，裁判所は請求を認めている（宇都宮地判2020年6月3日保情525号13頁）。なお，園長については保護責任者遺棄致死罪で懲役10年の実刑判決が確定している。

(15)　奥貫妃文「認可外保育所に対する公的監督責任と保育契約関係」賃金と社会保障1403号（2005年）12頁参照。

(16)　塩野・行政法Ⅱ 327頁参照。

の監督権限の行使には強い要請があり，前記の要件については厳格に解されるべきではない。施設内での虐待や事故が頻発しているような状況にあれば，監督権限の不行使による損害賠償責任を都道府県および市町村が負う可能性は高くなると解される。しかし，認可外保育施設での保育事故に関して，都道府県知事の権限不行使による損害賠償責任を認めた例は，認可外保育施設の園長による乳児の虐待殺人について，園長の故意（園長は殺人罪で起訴）および香川県の指導監督の過失を認め，それぞれ不法行為および国家賠償法にもとづく連帯損害賠償責任を認めた事例（高松高判2006年１月27日裁判所ウェブサイト）など，わずかしかない。

⑥ 子どもの権利からみた子ども・子育て支援新制度のもとでの施設・事業の課題

⑴　保育基準の統一化

以上の考察を踏まえ，子どもの権利保障の観点から，支援制度のもとでの施設・事業の課題を提示する。

第１に，支援制度のもとの施設・事業を統一化し，認定こども園は幼保連携型認定こども園へ，小規模保育事業は保育者すべてが保育士資格者であるＡ型に一本化すべきである。保育所の基準をスタンダードに，基準の統一化をはかっていく必要がある。とくに保育士資格はすべての保育者に必須とし，どの施設・事業を利用しても，保育士資格者による保育を受ける子どもの権利を保障する必要がある。

⑵　保育士配置基準の引き上げ

第２に，公定価格上の国の保育士配置基準の引き上げ，保育士の人員増が求められる。

保育所の保育士配置基準は，国の基準では，０歳児３人に対して，おおむね保育士１人の配置（「３：１」で示す。以下同じ），１・２歳児６：１，３歳児20：１，４・５歳児は30：１となっていた。４歳児以上の基準は，児童福祉施設最低基準ができたときから，実に75年以上も据え置きのままであった（図表４-２)。他の国に比べても，きわめて貧弱な基準であり，こ

図表 4－2　保育所保育士配置基準（最低基準）の改善経過

年度	乳児	1歳児	2歳児	3歳児	4・5歳児
1948	10：1	10：1	30：1	30：1	30：1
1952			(10：1)		
1962	(9：1)	(9：1)	(9：1)		
1964	8：1	8：1			
1965			8：1		
1966	(7：1)	(7：1)	(7：1)		
1967	6：1	6：1	6：1		
1968				(25：1)	
1969	(3：1)			20：1	
1998	3：1				
2015				(15：1)	
2024				15：1	25：1

（注）（　）内は最低基準ではなく運営費（公定価格）上可能となる定数。1969～97 年の乳児の（3：1）については，乳児指定保育所の場合にのみ限定して実現できた配置。2015 年度以降の 3 歳児の（15：1）も，公定価格上の加算条件としての基準。

資料：厚生労働省資料・こども家庭庁資料をもとに作成。

出所：全国保育団体連絡会・保育研究所編『保育白書 2024 年版』（ひとなる書房，2024 年）201 頁。一部修正。

の配置基準では，とても余裕をもった保育などできない。また，国の基準は「おおむね」という基準であり，その保育所全体で必要な保育士数（保育士定数といわれる）を割り出し，費用を保障する基準にすぎず，学級制をとっている幼稚園や小学校とは異なる。たとえば，5 歳児が 25 人いる場合には，配置基準は 30：1 なので，保育士 0.83（25/30）人分の人件費が保障されることになり，保育士 1 人を配置するには足らない。5 歳児を 1 クラスとして担任の保育士 1 人を配置するには，30 人以上の 5 歳児がいなければ，自治体が独自に補助しない限り，その保育士の給与は国基準の 8 割程度にするしかない。もともと，保育士の給与基準も低く設定されているので，これでは保育士はかなりの低賃金となってしまう。さらに，最低基準では「保育時間は原則８時間とする」とされており，この配置基準は，８時間保育が前提となっている。実際には，１日11時間の開所が一般的になっているので，この基準では十分な保育ができない。

以上のような低い国の配置基準のため，多くの認可保育所では，全国平均で国基準の1.9倍の保育士を配置している（全国保育協議会調査）。国基準を超えた保育士配置の財源は自治体の持ち出しとなるため，配置ができるところとできないところがでて自治体間の格差が大きくなっている。こうした保育士配置基準の低さが，保育士の低賃金と労働強化をもたらし，保育士不足につながっている。

一方，コロナ禍の保育所では，登園自粛の間，子どもの登園率が通常より大幅に減少し，通常の半分以下になるなどの事態が全国各地で生じた。そのため，保育士の数と部屋の大きさはそのままで，一人ひとりの子どもと向き合い，ゆとりをもって保育をすることが可能になったとの声がきかれた。現在の配置基準がいかにゆとりのないものであったかが浮き彫りになった。こうしたコロナ禍での経験を経て，愛知県からはじまった「子どもたちにもう１人保育士を！」をスローガンにした配置基準の改善を求める運動は，保育者・保護者のみならず多くの人の共感を呼び全国的な運動に拡大した。政府もこうした声を無視できなくなり，前述のように，保育所の「設備及び運営に関する基準」（内閣府令。国の最低基準）が改正され，３歳児に関しては15：1（2015年度より先行的に加算措置されていた），４・５歳児に関しては25：１に改善された（図表４-２参照）。ただし，経過措置があり，「当分の間」は，25：１の配置ができた保育施設にのみ加算措置が行われる対応となる（第１章５参照）。また，チーム保育推進加算やチーム保育加配加算を取得している施設は，25：１以上の手厚い配置が実現可能になっているとされ，引き続き，当該加算のみ適用となる。

私見では，さらに進めて，少なくとも，国の配置基準を，０歳児２：1，１・２歳児３：1，３歳児10：1，４歳・５歳児15：１に引き上げるべきと考える(17)。

(3) 施設基準の引き上げ

第3に，施設基準についても，保育士配置基準と同様，大幅に見直す必要がある。

保育所の施設基準については，子ども1人当たり面積だけが定められており，食堂も寝室の区別もなく，食事も午睡もすべて同じ保育室で過ごすことが前提となっている。具体的にみると，2歳児未満では，乳児室の場合は1人当たり1.65m^2，ほふく室の場合は同3.3m^{2}で，そのほかに医務室，調理室，トイレの設置が義務付けられ，2歳児以上では，保育室または遊戯室で同1.98m^{2}以上（しかも机やイスの配置や保育士の存在は考慮されていない），屋外遊戯場（園庭）同3.3m^{2}以上が必置となっている。野外遊戯場は，2歳未満児だけを入所させる保育所については，従来から必置条件とされていなかったが，2歳以上児のいる保育所でも，規制緩和により，2001年から，近所の公園等で代替できれば，設置しなくてもよいこととされ（厚生労働省保育課長通知「待機児童解消に向けた児童福祉施設最低基準に係る留意事項等について」2001年3月），それ以降，園庭を設置しない施設が大都市部を中心に大幅に増加した。そうした保育所では，道路事情もよくない中で，園児を連れて公園等への移動を余儀なくされるなど，子どもの安全面で問題がある。

保育所の施設基準は，当初の最低基準の設定以来，改善されておらず，諸外国と比較しても，非常に狭い。フランスのパリ市では，子ども1人当たりの施設基準は5.5m^{2}で（知育室と休憩室），屋外施設面積基準も同6.67m^2（園庭と保育室専用の庭・テラス）となっている（2009年全国社会福祉協議会調査報告書）。コロナ禍では，感染対策のため，「密」を避けることが求められたが，現行の施設基準では，とても無理であった。

早急の改善が必要であり，具体的には，保育室とは別に睡眠室を設けることを必須とし，保育室については，2歳以上の子ども1人当たり1.98m^2

(17) 同様の提言として，「子どもたちにもう1人保育士を！全国実行委員会」の「保育士配置基準に関する政策提言」（http://bit.ly/482v5dr）参照。

から机やいすの配置や保育士の存在を考慮して，3.3m^{2}程度に引き上げる必要がある。

⑷　子どもの権利保障からみた学童保育の課題

子どもの権利保障の観点からみたとき，支援制度のもとでの学童保育の課題もある。

前述のように，学童保育の基準が児童福祉法体系に位置づけられた点は評価できるものの，「従うべき基準」がなくなり，職員の資格，員数，開所日数・時間などの基準は，市町村が独自に設定することができるため，市町村間の格差が拡大している。支援制度では，学童保育は地域子ども・子育て支援事業とされ，その予算は国から「子ども・子育て支援交付金」として，市町村に交付される。学童保育の運営費には，その規模・開所日数などによって，「支援の単位」ごとに補助単価額が決められ，単価額の３分の１が国から市町村に直接交付され，都道府県から市町村へも単価額の３分の１が交付されることとなっている。市町村に交付される額は，各市町村が策定する市町村子ども・子育て支援事業計画にもとづいて決められるため，計画に学童保育の拡充を位置づけるよう，各自治体での取り組みが課題となる。

一方，コロナ禍では，保育所と同様，学童保育の現場も大きな困難に見舞われ，子どもたちの発達保障のみならず学ぶ権利が保障されない事態が拡大した。そして，保育所と同様，「密」を避けがたい不十分な施設環境や指導員の配置，指導員の劣悪な労働環境や人手不足の問題が課題として浮き彫りになった。支援制度のもとでは，学童保育についても，公立の学童保育の民営化，水準の切り下げや指導員の待遇劣化が拡大し，学童保育そのものが存立の危機に直面する可能性があるとの指摘もある[18]。

私見では，児童福祉法に学齢期の子どもたちが学童保育を受ける権利があることを明記し，国・自治体の公的責任で学童保育を保障していくべき

(18)　丸山啓史「『新システム』と学童保育」丸山啓史・石原剛志・中山徹『学童保育と子ども・子育て新システム』（かもがわブックレット，2011年）22頁参照。

と考える。当面は，現在，参酌基準となっている設備・運営基準を見直し，子どもたちに安全・安心で豊かな生活を保障できる指導員体制や施設・設備の最低基準を「従うべき基準」として設定し，その基準を引き上げることが求められる[19]。

(19)　同様の指摘に，二宮衆一「『コロナ禍』における学童保育にかかわる施策と現場の対応」学童保育研究 21 号（2020 年）61 頁参照。

第5章 児童福祉法と子ども・子育て支援法のもとでの保護者負担と子ども・保護者の権利

本章では，児童福祉法，子ども・子育て支援法のもとでの保育料など保護者の費用負担（保護者負担）の問題を，子ども・子育て支援新制度（以下「支援制度」という）実施前後の変化，および2019年からの幼児教育・保育の無償化以降の変化を中心に考察し，子ども・保護者の権利という観点から，その課題を展望する。なお，支援制度では，「保育料」ではなく，「利用者負担」の言葉が使われることもあるが，本章では，これまでの通称である「保育料」の名称で統一する。

1 子ども・子育て支援新制度前の保護者負担

(1) 子ども・子育て支援新制度前の保育所保育料の決定・徴収

まず，支援制度実施前の保育制度（以下「旧制度」という）のもとでの保育所の保育料の決定と徴収の仕組みについて概観する。

旧制度では，保育所の保育料の決定と徴収は「市町村は本人またはその扶養義務者から，家計に与える影響を考慮して年齢等に応じて定める額を徴収することができる」と規定した旧児童福祉法56条3項の規定を根拠に，市町村長がその額を決定し，市町村長が徴収してきた。その際，①同一市町村内では，保育所の設置者（公私立）に関わりなく，同一の保育料表が使用され，②その表は，国基準の保育料徴収基準をもとに，「家計に与える影響を考慮して」利用世帯の所得に応じて設定されたものであり，子どもの年齢区分に応じて保育料額が異なっていた。具体的には，保育にあたって人手を多く要する3歳未満児と，3歳児，4・5歳児の保育料が別に設けられていた。また，多子世帯の負担軽減を考慮した減免もあった。さらに，通常の保育時間を超えた利用には，延長保育料（時間に応じた定額負担）が別に設定されていた。

以上のように，旧制度のもとでの保育所の保育料は，保護者の負担能力に応じた応能負担の原則によりながらも，利用する保育の量（時間）や保育にかかる費用の多い少ないで，額が変動する応益的な要素も加味されて設定されていたといえよう[1]。

(2) 「全額徴収原則」をめぐる問題

旧制度のもとでの国の保育料徴収基準は，子どもの年齢や施設の規模等に応じて，子どもの保育費用の基準額（月額）を定め（これを保育単価と称していた），この保育費用のうち，保護者の負担能力に応じて，保護者が負担する割合を決めるものであったが，国の徴収基準は，応能負担とはいえ，「全額徴収原則」にもとづいているという問題があった。

「全額徴収原則」とは，保育料について，保護者が保育にかかる費用を全額負担することを標準にして，負担能力に応じて，その額を段階的に減らしていく方式をいう。最高裁も，保育料負担の原則について「（旧児童福祉）法56条1項・2項の規定は，原則として全額を本人又は扶養義務者……に負担させることとして，……市町村長がこれを扶養義務者等から徴収することとし，例外的に市町村長において扶養義務者等の負担能力が不足又は欠缺すると認めるときは，その分につき軽減又は免除して市町村がこれに代わって負担することとしているものと解するのが相当」と判示している（1991年9月6日保情165号34頁──清水訴訟）。

こうした原則のゆえに，国基準の保育料最高額（保育単価限度額）は，3歳未満児の場合で，月額10万4000円にのぼるなど，基準額は総体として高額の設定であった。そのため，負担軽減を求める住民の声に押され，多くの市町村で，国基準の保育料を軽減してきた。また，第2子は5割から7割程度まで保育料を減免し，第3子は無料となる軽減措置もとられてきた（多子減免）。たとえば，東京都杉並区では，国基準の最高額をほぼ半額の5万7500円まで軽減していた。もっとも，市町村が国基準額より

(1) 逆井直紀「保育料の仕組み」全国保育団体連絡会／保育研究所編『保育白書2023年版』（ひとなる書房，2023年）93頁参照。

軽減を図れば，その分自治体負担が増えるので，二の足を踏むところも多く，軽減措置については自治体間の格差が大きかった。

2 子ども・子育て支援新制度のもとでの保護者負担

(1) 子ども・子育て支援新制度のもとでの保育所の保育料の決定・徴収

ついで，支援制度のもとでの保育料の決定と徴収の仕組みについて概観する。

支援制度のもとでも，公立保育所の保育料は，地方自治法上の「公の施設」の使用料（地自225条）に該当するから，その額は条例によって定めることとなる（同288条1項）(2)。一方，私立保育所の保育料については，児童福祉法24条1項において，市町村の保育実施義務が維持されたことで，委託費が支払われることになっており，委託費を支払った市町村長は，子どもの保護者またはその扶養義務者から，家計に与える影響を考慮して，子どもの年齢等に応じて定める額を徴収することができる旨が規定された（子育て支援附則6条4項）。したがって，私立保育所の場合従来どおり，国が定める基準を踏まえ，市町村が条例で保育料を定め，保護者から徴収することとなる。

国の基準は，これまでの徴収基準を踏襲しており，保護者の負担能力を勘案した応能負担を基本としている。同一世帯の複数の子どもが保育等を利用する場合も，従来と同様の多子軽減措置を導入し，自治体の独自軽減も，各市町村の判断により行うことができる。ただし，保育が必要な子どもについては，保育必要量（短時間・標準時間の区分）が設けられているので，所得階層区分のほか，認定時間の区分ごとの保育料が設定されている（ただし，その差異は大きなものではない）。支援制度では，世帯所得を

---

(2)　公立保育所等の保育料については，学説では，地方自治法225条の使用料ではなく，社会福祉各法が定める特別の負担金と解する見解もある。堀勝洋『社会保障法総論〔第2版〕』（東京大学出版会，2004年）294頁参照。ただし，支援制度では，児童福祉法56条という根拠規定がなくなっているので，公立保育所等については，公の施設の使用料と解するほかない（したがって，保育料額は条例で規定する必要がある）。

把握するために所得税から市町村民税により階層を設定している（市町村民税額の確定が6月なので，保育料額の切り替えは9月になされている）。

これに対して，保育所以外の私立の認定こども園など直接契約施設・事業者は，本来なら，各施設・事業者が自由に保育料を決め，徴収することが基本となるが，支援制度では，市町村が条例で定める額を，各施設・事業者が保育料として徴収するとされている。直接契約施設・事業者の保育料についても，市町村が条例で定めることについて，政府は，子ども・子育て支援法（27条3項）と内閣府令（「特定教育・保育施設及び特定地域型保育事業の設備及び運営に関する基準」13条1項）が根拠規定と説明している。しかし，前者は（①国が定める保育の公定価格）－（②市町村が定める額）＝（③施設・事業者が代理受領する給付額）という財政上の計算式を説明する条文にすぎず，また，後者は，子ども・子育て支援法の条文の計算式の②について，施設などはそれを利用者負担額として保護者から受け取ると規定しているだけで，いずれの規定も法的な根拠になっているとはいいがたい[(3)]。しかも，支援制度では，多様な施設・事業が並立しているが，保護者の所得が同じなら，どの施設，事業を利用しても，同一の保育料負担となるし，後述の無償化により，3歳以上の子どもについては，所得に関係なく無料となっている。

(2) 幼稚園の保育料

幼稚園については，従来からの制度による園と，支援制度に移行した園が併存している（第4章1参照）。公立の幼稚園・幼保連携型幼稚園の保育料は，公立保育所と同様，地方自治法上の「公の施設」の使用料に該当するから，条例で定めることとなる。支援制度に入らず（子ども・子育て支援法27条1項における市町村長の確認を受けず），従前からの制度に残る私立幼稚園の場合は，個々の幼稚園ごとに保育料額が設定されており，基本的には，保護者の負担能力にかかわりなく一律負担である。保育料額は，園ごとに相当のばらつきがあるうえ，保育料とは別途，施設整備費や教材

---

(3) 杉山隆一「保育料のしくみと考え方」保育研究所編『ポイント解説・子ども・子育て支援新制度――活用・改善ハンドブック』（ちいさいなかま社，2015年）100頁参照。

費などの負担があり，年平均35.71万円程度の保護者負担となっている。さらに，入園時には入園料などで，平均で6.72万円程度の負担がある（全日本私立幼稚園連合会「私立幼稚園経営実態調査報告」2021年度による）。

支援制度に移行した幼稚園については，従来は均一の保育料であったが，保育所以外の認定こども園や小規模保育事業と同様に，市町村が条例で定める応能負担の保育料に変わったわけである。また，入園金の月割額を含めた実際の負担額と就園奨励費（保護者の所得に応じて負担軽減をはかる国庫補助事業補助）による軽減額を踏まえて設定がされていたため，幼稚園としては，入園金という名目での別途徴収はできなくなっている。

⑶　子ども・子育て支援新制度のもとでの保育料

2015年の支援制度の実施を契機に（もしくは，それを口実として），自治体の独自補助を廃止する動きもみられ，各地で保育料の引き上げが問題となった。

また，民主党政権当時の2011年に，当時の子ども手当導入の財源確保のため，年少扶養控除等が廃止され，これにより，保護者の所得税額が上がり，所得が変わらないのに保育料徴収における階層ランクが上がって負担が増すという問題があった。これに対応するため，厚生労働省は，2011年に通知を発出，控除があるとみなして世帯の税額を再計算して，保育料額を決める（国も，再計算後の税額による階層区分にもとづいて，国庫負担金の精算を行う）などの措置がとられてきた。

支援制度では，従来の所得税ではなく，住民税（市町村民税）額をもとに，市町村が保育料を設定するが，階層区分の決定について，再計算しない取扱いを原則としながら，経過措置として，前年度の在園児が継続して保育を受ける場合に限り，再計算した後の階層区分で保育料を決めることを市町村が判断できるとし，国もその額にしたがって精算を行うとしていた。その後，国として財政的な対応はしないものの，4月からの新規利用者に対しても市町村が経過措置と同様の負担軽減策をとることを妨げるものではないとの見解が示された（内閣府「自治体向けFAQ（第7版）」2015年3月）。とはいえ，この場合，新規利用者分については自治体の負担となるため，自治体間格差が生じていた。実際，こうした年少扶養控除の「みなし適用」の原則廃止によって，各地で，4倍以上の保育料の値上げが生じた。とくに，年少扶養控除は，子どもの人数によって保育料を軽減していたため，子どもの多い世帯ほど値上げになっており，少子化対策にも逆行していた。

③ 幼児教育・保育の無償化の概要と諸問題

(1) 幼児教育・保育の無償化の概要

こうした状況の中，第1章でみたように，2019年10月から，消費税増税分（8％→10％）の一部を用いて，3歳以上の子どもすべてと0〜2歳児の一部について保育料を無償とする制度が実施された（以下「幼児教育・保育の無償化」という）。

幼児教育・保育の無償化では，「無償化」といいつつ，対象となるのは保育料だけで，具体的には，①子ども・子育て支援法上の子どものための教育・保育給付の対象となっている幼稚園，保育所，認定こども園，小規模保育事業などに通う3〜5歳までのすべての子どもの保育料の無償化（幼稚園については，月2万5700円を上限に補助），0〜2歳の保育の必要性がある住民税非課税世帯の子どもの保育料の無償化，②幼稚園の預かり保育に通う保育の必要性がある子どもについて，月1万1300円まで保育料を無償化，③認可外保育施設などに通う3〜5歳児の保育の必要性のある子どもの保育料を月額3万7000円まで無償化，0〜2歳の保育の必要性がある住民税非課税世帯の子どもの保育料を月4万2000円まで無償化するというものである。

このうち，③の施設等は，子どものための教育・保育給付の対象外である認定こども園，幼稚園，特別支援学校の幼稚部，認可外保育施設，預かり保育事業，一時預かり事業，病児保育事業，子育て援助活動支援事業（ファミリー・サポート事業）であって，内閣府令で定める基準を満たしていることを市町村長が確認した施設等（以下「特定子ども・子育て支援施設等」という。子育て支援7条10項・30条の11）である。内閣府令で定める基準は，認可外保育施設は，現在の指導監督基準（たとえば，保育士資格者は，認可保育所の基準の3分の1程度であることなど）と同じ内容で，2024年9月末までは，この基準を満たさない施設の利用も補助の対象となる経過措置が設けられた（後述のように，2024年9月以降も新たな経過措置が設けられた）。

2016年に導入された企業主導型保育事業（第4章2参照）についても保育料の軽減措置が講じられている。すなわち，国が示している標準的な保育料である利用者負担相当額（4歳以上児2万3100円，3歳児2万6600円，1・2歳児3万7100円）を実際の保険料を上限に控除することで行われる。事業者が上乗せ徴収をしている場合には，保険料負担はゼロにはならず，逆に利用者負担相当額より低い保育料を設定した事業者は，保育料は0円に設定することになるが，差額の分だけ運営費補助金が減らされるわけではなく，差額分を活用し，保育の質の向上を図る等の配慮を行うことを求める通知が出されている（内閣府子ども・子育て本部「企業主導型保育事業における幼児教育・保育の無償化について」2019年9月）。

なお，当初は，朝鮮学校幼児部や幼稚園類似施設は無償化の対象外とされていた。前者は学校に該当しないという理由で対象外とされた。後者は，認可外保育施設の届け出をすれば，共働き世帯で保育の必要性がある子どもについては補助の対象となるが，専業主婦の世帯は対象とならず園児の間で格差が生じること，これまで通り特色のある教育ができなくなるおそれなどから，届け出をしない施設も出て，いずれも不公平が生じていた(4)。そのため，これらの施設も無償化の対象とするように求める参議院内閣委員会の付帯決議を受けて，2021年から，朝鮮学校幼児部や幼稚園類似施設についても，月2万円を上限に保育料の負担軽減を行う利用支援事業（地域子ども・子育て支援事業の多様な事業者の参入促進・能力活用事業に位置付け）が実施された。

---

(4)　幼稚園類似施設は，障害のある子どもを受け入れたり，認可施設がない山間部などでは地域の幼児教育を担ってきた実績があったが，無償化の対象外とされたことで園児が集まらず閉園したところも出ていた。

⑵ 子育てのための施設等利用給付と無償化の財源構成

子どものための教育・保育給付の対象となっている①施設等に通う子どもについては，給付額が公定価格と同額になるので，保育料（利用者負担）はゼロとなる（図表5－1）。

これに対して，②③の施設等に通う子どもに対しては，2019年の子ども・子育て支援法の改正により，子ども・子育て支援給付に子育てのための施設等利用給付が創設された。子育てのための施設等利用給付は，小学校就学前の3歳以上の子ども，住民税非課税世帯の3歳未満の子どもであって保育の必要性のある子どもが，特定子ども・子育て支援施設等を利用した場合に，その費用について，保護者に対し施設等利用費を支給するものである（子育て支援30条の2）。施設等利用費の支給にあたっては，子どものための教育・保育給付と同様に，保護者は市町村に申請して支給認定を受ける必要がある（子育て支援30条の5）[(5)]。施設等利用費は，保護者に代わって特定子ども・子育て支援施設等が受け取るため（代理受領），保護者は施設等利用費相当分を除いた保育料を支払うこととなる。上限額の範囲内であれば，複数サービスの利用も可能であり，就学前の発達支援事業を利用している障害のある子どもは，保育所等を併用する場合を含め，

図表5－1　公定価格（保育の費用）のしくみ

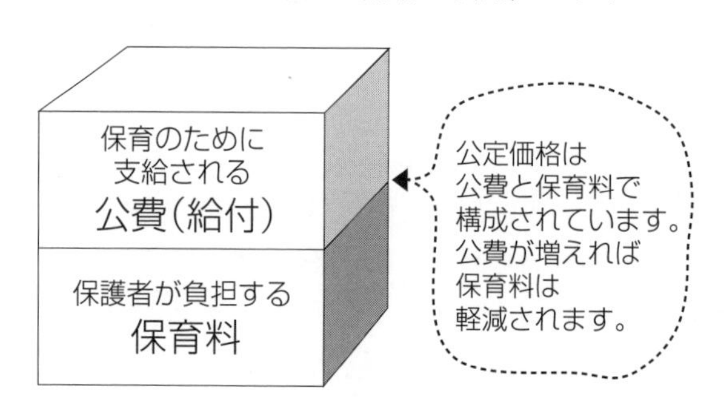

出所：『ちいさいなかま・2021年1月臨時増刊号／保育制度のきほん』（ちいさいなかま社）25頁。

⑸　加藤ほか323頁（前田雅子執筆）参照。

両者が対象となる。

無償化の財源は，私立施設については，国2分の1，都道府県4分の1，市町村4分の1の負担となっている。公立施設については市町村が10分の10の全額負担となる。特定子ども・子育て支援施設等における施設等利用費の負担割合も同様である。企業主導型保育事業の無償化の費用は，国が全額負担している。

(3)　幼児教育・保育の無償化の諸問題

以上のような幼児教育・保育の無償化には，いくつか問題がある。

第1に，逆進性が強い消費税の増税と無償化がセットになっていることだ。低所得世帯や多子世帯，ひとり親世帯については，従来から，保育料の軽減が図られてきており，国の基準に上乗せして，地方自治体がさらに軽減している例も多かった。そのため，低所得世帯にとっては無償化の恩恵は少ないうえ，消費税増税による家計への負担が増えただけとなった。また，保育料負担は，低年齢児の保護者に重いが，0〜2歳児の無償化を住民税非課税世帯に限定することは，とくに住民税課税のボーダー層の負担軽減にならず，増税の負担だけが加わることを意味する。

第2に，公立保育所などの無償化経費は全額自治体負担になり，自治体の負担増を名目として，公立幼稚園・保育所の統廃合や民営化が加速するおそれがある。地方交付税の交付団体には，無償化で市町村が負担する経費は地方交付税の基準財政需要額に算入される（経費分が地方交付税に上乗せされる）ものの，地方交付税は一般財源のため，無償化の経費として用いられるかは確実とはいえず，この点で，自治体間の格差が生じている。

第3に，保育所を利用する場合でも，保育料以外にも給食の主食費や行事費，保護者会費などの保護者負担が発生しており，これらは無償とはならない。幼稚園では通園送迎費，教材費や制服・制帽費なども対象外である。これらは実費・上乗せ徴収といわれる保護者負担だが，こうした費用負担は，保育施設ごとの格差が大きく，保護者負担の格差は，幼児教育・保育の無償化以降，むしろ拡大している。

第4に，認可外保育施設も無償化の対象とされた問題がある。前述のように，国の保育士等の配置基準は，世界的にみても極めて低く（第4章6参照），内閣府令で定める基準は，こうした低い配置基準すら下回る指導監督基準のレベルである。指導監督基準は，子どもの安全の確保等の観点から劣悪な施設を排除するために設けられたもので，本来，基準を下回る施設の運営は許されないはずだが，そうした施設でも経過措置期間は，無償化の対象となる。これでは，子どもの安全を守るための指導監督基準は意味をなさない。指導監督基準を満たさない施設であっても，保育料補助の対象となり，指導監督基準不適合の状態の是正を求めることや指導基準不適合を理由に排除はできない制度とされたからである。また，ファミリー・サポート・センター事業のように，保育者の資格や事業の基準が存在せず自治体が個々の子どもの預かりについて関与する仕組みのない事業についても，保育の代替措置として無償化の対象としたことは，安全性の面で問題が大きい。市町村の条例で，経過措置の排除や独自の基準を定めることができるとされてはいるが，多くの自治体は，そうした条例を制定してこなかった[6]。2022年7月には，沖縄県那覇市と茨城県土浦市で，指導監督基準を満たさない認可外保育施設（無償化対象施設）において乳児の死亡事故が発生している。

2024年9月末の経過措置の終了に向けて，基準を満たしていない施設には基準の引き上げのための財政支援や認可化の促進などが求められたが，それらは十分なされないままであった。結局，2024年に成立した改正子ども・子育て支援法により，2024年10月から2029年度末までの間，基準を満たさない施設のうち，設備基準など基準を満たすのに相当の期間を要し，かつ転園も困難なケース（外国人の子どもが多い施設，夜間保育所など）を無償化の対象とする新たな経過措置が設けられた。

さらに，幼児教育・保育の無償化にともない，保育所の3歳以上児から，副食費が実費徴収されることとなった問題がある。この問題については，後述する。

---

(6)　岩藤智彦「幼児教育・保育の『無償化』」全国保育団体連絡会／保育研究所編『保育白書2024年版』（ひとなる書房，2024年）83頁参照。

４ 実費・上乗せ徴収（特定保育料）と副食費負担の諸問題

(1) 実費・上乗せ徴収（特定保育料）

前述のように，保育料以外の保護者の費用負担として，実費・上乗せ徴収（特定保育料）がある。

実費徴収の「実費」とは，保育所など教育・保育施設の利用において通常必要とされる経費であり，その対象は，①日用品，文房具などの購入費用，②行事への参加費，③３歳以上の主食費（保育所の給食費については，３歳以上の主食費を除き，支援制度でも公定価格に含まれ，保護者負担はない），④通園の便宜に要る費用，⑤施設の利用に際して必要とされる費用（制服，制帽，カバン，靴代）などである。各施設・事業者の判断で，保護者の同意を得て徴収することができる。

これに対して，「上乗せ」とは，教育・保育の質の向上を図るうえで，とくに必要と認められる経費であり，たとえば，公定価格上の基準を超えた教職員配置の充実，平均的な水準を超えた施設整備，特別の教育を実施するために要する費用などで，公定価格で不足する費用を賄うために徴収することが認められている。上乗せ徴収については，書面による保護者の同意が必要であり，私立保育所については，市町村の承認も必要となる。給食費については，幼保連携型認定こども園を除く認定こども園や地域型保育事業の場合には，上乗せ徴収（「特定負担額」といわれる）が認められる。

また，認定された保育必要量を超えた部分は，給付（公費補助）がないため，全額が保護者の負担となる。地域子ども・子育て支援事業のひとつである延長保育事業を利用すれば，保護者負担分は軽減されるが，市町村事業なので，市町村により格差が出ている（しかも，地域子ども・子育て支援事業の財源は交付金で一括して交付されるので，ある事業を重視すると他の事業にまわすお金は少なくなる。第３章２参照）。

(2) 保育所での副食費の実費徴収化とその問題点

ついで，幼児教育・保育の無償化の実施に伴い，２号認定子ども（保育を必要とする３歳以上の子ども）の副食費（食材費部分）が実費徴収となった問題がある。

保育所は，昼食をはさんだ長時間保育のため，制度発足当時から調理室の設置が義務付けられ，保育の一環として給食が提供されてきた。副食費は公定価格に含まれ，その費用の一部または全部を保護者が保育料として負担してきた（所得に応じた応能負担）。一方で，主食費については，1949年の保育所給食の開始当時，主食（米）を確保することが困難で，財政的にも予算を確保するのが難しいという事情から実費徴収とされてきた。0〜2歳児については，主食費，副食費とも公定価格に含まれ，その後も，こうした区分が引き継がれた。これに対して，幼稚園は，午前中4時間の保育が基本のため，給食の実施の有無，提供形態も多様で，主食費・副食費とも実費徴収されてきた。

しかし，2019年10月より，幼児教育・保育の無償化に伴い，幼稚園等との均衡を名目に，保育所の2号認定の子どもの副食費について，公定価格から外し，保護者から実費徴収されることとなった。保護者負担とされた副食費の額は，当初は，月4500円とされたが，2023年度から，物価上昇等の影響で同4700円に引き上げられた。副食費の実費徴収にあたっては，生活保護世帯やひとり親世帯については，副食費負担の免除は継続され（公定価格において副食費徴収免除加算が創設された），年収360万円相当の世帯の子どもおよび全所得階層の第3子以降の子どもも免除とされた。0〜2歳児については，無償化の対象が住民税非課税世帯に限定されているため，主食・副食費を肯定価格に含める措置は継続されている。しかし，保護者の収入が低い世帯において，新たな食費負担により，無償化前よりも負担増になっている世帯が，とくに多子世帯に散見されている。

副食費が実費負担となったのは，幼児教育・保育の無償化のための財源確保という側面がある。幼児教育・保育の無償化の範囲は，認可保育所のみならず，認可外保育施設にまで拡大されたが，予算額はほとんど増えなかった。内閣府の国会答弁等から，2号認定の子ども（3歳以上で保育を必要とする子ども）の副食費を公定価格から外し保護者の負担に転嫁することで削減される公費は642億円程度であるのに対し，認可外保育施設などの無償化に必要な費用は約618億円で，年収360万円未満層に対する副食費負担の免除額をくわえると，642億円に近い額となる。このことから，認可外保育施設などの無償化に必要な財源をねん出するために，保育所の3〜5歳児の副食費を無償化の対象から外したのではないかとの指摘があるが[(7)]，その通りであろう。

副食費については，保育所（施設）が実費徴収する。施設側に追加的な事務負担が生じるが，国は特別の手当をしていない。保育料の場合は，後述のように，滞納があっても，対応するのは市町村で，保育所や保育士は，保護者との関係を維持しながら保育にあたることができていた。ところが，保育料と異なり，副食費については，保育所などの施設が債務者となり，滞納が生じた場合，市町村は利用調整をする立場から，保育所と保護者の間に入って滞納額の支払いを促すとはいえ，保育士等が施設職員として滞納している保護者と相対することとなる。保護者との関係性に悪影響を与えることも考えられ，保育士等の徴収事務についての精神的負担も大きく，保育士不足への悪影響が懸念される[(8)]。

保育所の給食は保育の一環という理念からすれば（「食育」という言葉もある），副食費の実費徴収化は，給食に関する公的責任の後退といえ，無償に戻すべきと考える。

(3)　実費徴収に関わる補足給付事業

実費徴収については，法定化されている地域子ども・子育て支援事業（13事業）の中に，「実費徴収に係る補足給付を行う事業」（以下「補足給付事業」という）が位置づけられ，軽減が図られる仕組みがある。補足給付事業は，保護者の世帯所得の状況等を勘案して保育料以外の保護者負担の軽減措置を行う事業だが，その対象は実費徴収に限定されている。

補足給付事業の対象となるのは，①支援制度に移行していない幼稚園（私学助成を受けている幼稚園）を利用する保育料第3階層世帯（おおむね年収360万円未満）以下の世帯または第3子目以降の子どもの副食費，②幼

(7)　北明美「子ども・子育て支援新制度と児童手当――保育無償化における児童手当からの給食費徴収に関わって」月刊保育情報519号（2020年）6頁参照。

(8)　岩藤・前掲注(6)84頁参照。

稚園，保育所，認定こども園，小規模保育等を利用する生活保護世帯の1～3号認定こどもの教材費・行事費，1号認定子どもに限り給食費（副食費のみ）となっている。前述の幼児教育・保育の無償化とともに，1号・2号認定子どもの副食費が実費徴収の対象となり，免除対象者については，公定価格に副食費徴収免除加算を設けて対応する仕組みとなった。そのため，支援制度に移行した幼稚園・保育所との公平性の観点から，①の支援制度未移行幼稚園の副食費が補足給付の対象とされた。②については，教材費・行事費に月2500円（年3万円），副食費について月4700円（年5万4000円）が補助されるが，実費徴収として認められている主食費は補足給付事業の対象となっていない。また，就学援助で認められているPTA会費・保護者会費は，教育・保育に必要がないことを理由に，補足給付の対象とはなっていない。

補足給付事業の実績をみると，①の支援制度未移行幼稚園への副食費に関する補足給付は，対象施設の多くで実施されているが，②の教材費・行事費に関する補足給付は，2020年でみると，1号認定694か所，2号認定3128か所，3号認定1905か所の実施にとどまる。2号認定児の受け入れ施設で最も多い保育所で，補足給付を実施している施設は2割に満たない。補足給付事業が地域子ども・子育て支援事業に位置付けられ，市町村が実施の有無や給付対象者の範囲を決定する仕組みであり，自治体間格差が大きいこと，利用手続きが煩雑であり，保護者の側にも十分周知されていないことなどが理由と考えられる。給付対象の範囲の拡大，運用の改善が課題といえる。

5 保育料の滞納問題と市町村の代行徴収の限界

(1) 保育料の滞納問題

保育料が無償化された3歳以上の子ども（1号認定・2号認定子ども）については，保育料滞納の問題は生じないが，0～2歳児については，無償化の対象が住民税非課税世帯に限定されているため，保育料滞納の問題が生じる。

前述のように，支援制度でも，保育所利用の子どもについては，市町村の保育実施義務が維持されたので，保育が必要と認定された子どもは，その状態が続くかぎり，保育利用の権利が保障され，保護者が何らかの事情で保育料を滞納したとしても，市町村は保育の実施義務を解除できず[9]，子どもが保育所を退所させられることはない。また，前述の実費徴収となった副食費の滞納があった場合も，当該世帯の子どもに対する食事の提供を止めることはできない。

これに対して，小規模保育事業などの直接契約施設・事業の場合，保育料は，教育・保育提供の対価という性格をもち，施設・事業者に直接支払うこととなる。その結果，施設・事業者の側は，相当の期間を定めて支払いを催促しても，保護者が保育料を滞納し続けている場合，契約を解除することができる（民法541条）。つまり，かりに保育が必要な状態にあっても，保護者の保育料滞納を理由に，小規模保育などからの退所を求めることができるわけである。施設・事業者には，正当な理由なく契約を拒否してはならないという応諾義務が施設などに課されているが，保育料の滞納は，応諾義務を免除される「正当な理由」（子育て支援33条1項，45条1項）に該当すると解されている。

現在，子育て世代の貧困化が進み，生活困窮世帯の子どもが増えている。そうした子どもたちが，保育料の滞納で，必要な保育を受けることができなくなれば，子どもの虐待（とくにネグレクト）につながりかねない。しかも，直接契約施設・事業の場合，保育料の徴収，滞納・未払分の督促やその取り立ても，当該施設・事業者が行う形となる。保育所のように，未払分を市町村が補填することはなく，保育料の滞納・未払いの蓄積は，これらの施設・事業者の運営にダイレクトに影響を及ぼす。

(2)　市町村の代行徴収の仕組みと限界

こうした状況を受け，「善良な管理者と同一の注意をもつて」努めたにもかかわらず，保護者が保育料の全部一部を支払わない場合において，市町村は，施設・事業者の請求に基づき，地方税の滞納処分の例により，こ

---

(9)　逆井・前掲注(1)97頁参照。

れを処分することができる旨の規定が置かれている（児福56条6項・7項)。

この規定は，医療保険の被保険者が一部負担金を支払わない場合，保険医療機関等が「善良な管理者と同一の注意を持ってその支払いを受けることに努めた」ときには，保険者は，当該保険医療機関等の請求にもとづき，健康保険法等による徴収金の例によりこれを処分することができるとする医療保険各法の規定（健保74条2項，国保42条2項）と同様の仕組みと解することができる。医療費の一部負担金の未払い（以下「未収金」という）が生じた場合，保険医療機関等が徴収努力を尽くした場合には，最終的には，保険者の責任で未収金分を徴収できるという仕組みである。一部負担金の法的性質は，診療契約における被保険者（患者）と保険医療機関との間の債権債務関係と解する見解が有力であり(10)，保険者は，被保険者の未収金分を保険医療機関に支払う義務はないが，少なくとも，保険医療機関から保険者の徴収権限の不行使などに対する損害賠償請求は認められる余地がある。それは医療保険の給付が，療養の給付という現物給付を基本とし，保険者が保険給付に責任を有していると解されるからである。ただし，保険医療機関の側から手間のかかる保険者への請求を行うことはきわめてまれで，かりに請求しても，保険者が動くかどうかはわからないため，実務上は，これらの規定は形骸化している。

子どものための教育・保育給付は，現金給付であり，給付費から控除され給付の対象外となる保護者負担の保育料分については，市町村の債権ともいいがたい。保育料の市町村代行徴収の仕組みは，医療保険各法の保険者徴収の仕組みの規定と同様，実際に市町村が代行徴収に動くことは想定しづらく，規定そのものが形骸化していくと考えられる。

6 子ども・保護者の権利からみた保護者負担の課題
──保育・療育の全面無償化に向けて

(1) 保育料負担の軽減，そして保育の全面無償化

以上の考察を踏まえるならば，子どもの保育利用の権利，保護者の免除

(10) 西田和弘「医療機関における一部負担金の未収問題」週刊社会保障2410号（2006年）46頁参照。

権（費用負担を軽減もしくは免除される権利）を保障するという観点から，保育料を含めた保護者負担の軽減もしくは保育の無償化が課題となる。

保育料の軽減に関しては，支援制度においても保育料設定の前提となっている全額徴収原則を見直す必要がある。そもそも，保育所等における保育は，憲法25条の生存権，児童福祉法の基本理念（児福1条2項）や公的責任原則（同2条）を基礎とするものであり，保育にかかる費用については，公的責任のもと，公費で負担するのが原則である。少なくとも，保育料は，保育の利用を制約しない程度の低額なものであることが，憲法および児童福祉法の規範的要請といえる。

前述のように，幼児教育・保育の無償化が実現されたものの，0～2歳児については住民税非課税世帯に対象が限定されている。低年齢児こそ経済的負担が大きく，現在，子どもの貧困が深刻化しているにもかかわらず，支援制度では，保育料の滞納が契約の解除につながる仕組みが直接契約施設・事業に導入されており，生活困窮世帯の子どもが保育利用から排除されるおそれがある。すべての0～2歳児についても無償化を早急に実現すべきである。保育の全面無償化により，保育料の滞納問題は解決する。

(2)　公費負担の増大を

保育料の引き下げ，さらには無償化による保護者負担の軽減を実現するためには，保育費用における公費負担，とくに国の負担割合の増大が必要となる。

日本では，保育費用の財源に保育料など保護者負担分が大きな比重を占めている点に特徴がある。日本の就学前の教育・保育における公費負担割合は45.4%にとどまり，保護者負担（私費負担）の割合が5割を超えている。OECD（経済協力開発機構）の加盟国の私費負担の平均が2割弱であることから，日本の保護者負担割合は突出して高いことがわかる（2011年のOECDデータによる。以下の数値も同じ）。しかも，公費負担の中でも国の負担割合は2割弱にとどまり，市町村など自治体の負担が大きくなっている。また，就学前教育段階における公財政教育支出の対国内総生産(GDP)比をみると，日本は0.1%と，OECD各国の平均0.6%に遠く及ばず，これまた最低水準である。

就学前教育・保育にかかる費用の公費負担における国の負担割合を増やしていくことが求められる。少なくとも，公費支出をOECD諸国の平均並みに引き上げれば，保育料の全面無償化が可能になり，保護者負担は大幅に軽減されるはずである。

(3) 保育料以外の保護者負担の軽減

前述のように，支援制度では，保育料以外にも，実費や上乗せ徴収による保護者負担が存在しており，この軽減も課題となる。

支援制度では，保育料は，保護者の所得に応じた応能負担とされ，所得が同じなら，どの施設・事業を利用しても，保育料は同じであるが，上乗せ・実費徴収は，保護者の所得に関係なく一律に特定額が徴収される。そのため，こうした上乗せ・実費徴収の範囲が広がると，負担額の高い施設の場合は，それだけの金額を負担できる保護者しか利用できないということが生じ，保護者の経済格差が保育格差に反映することとなる。

子どもの保育利用の権利を保障するためにも，子どもが親の所得に関係なく必要な保育を受けることができるという保育の平等性を確保するためにも，上乗せ・実費徴収については，できるだけ最小限度にとどめるべきであろう。当面は，実費徴収にかかる補足給付事業の対象範囲を生活保護世帯等から拡大し，少なくとも，就学援助事業の対象範囲（生活保護基準の1.0〜1.3倍以下の世帯）と同じにしていく必要がある。

私見では，保育料以外の日用品，文房具などの購入費，行事への参加費，3歳以上の主食費ついても，本来，保育を行う上で必要不可欠の費用であり，基本的には公定価格に含めるべきで（つまり公費で保障すべきで），実費徴収すべきではないと考える[11]。

---

(11) 同様の指摘に，中山徹・杉山隆一・保育行財政研究会編著『Q＆A保育新制度――保護者と保育者のためのガイドブック』（自治体研究社，2015年）51頁（杉山隆一執筆）参照。

(4)　障害児の療育の無償化を

一方，児童福祉法上の障害児の療育への給付（障害児通所支援と障害児入所支援）にかかる保護者負担については，保護者の家計の負担能力をしん酌して政令で定め，政令で定める額よりも厚生労働大臣が定める基準により算定した費用の額の１割相当額の方が低い場合は，低い方の額を負担するとされている（児福 21 条の５の３第２項など。図表５－２）。行政解釈では，この規定により，負担能力に応じた負担（応能負担）が原則であることが明確にされたとされるが，実質的には，保護者負担が最大１割となるわけで，応益負担の構造を残している[12]。

また，保育所等訪問支援事業（児福６条の２第５項）を障害児が利用する場合には，保護者は，保育所の保育料のほかに個別に費用負担をする必要がある（第３章４参照）。障害児が３歳以上で就学前の場合は，前述の幼児教育・保育の無償化により，保育所や児童発達支援の保育料は無償となるのに，訪問支援事業については費用負担が発生する。

日本も批准している子どもの権利条約の 23 条では，障害のある子どもの特別なニーズを認め，可能なかぎり（日本のような先進国では可能と解されている），その援助を無償としなければならないと規定しており，障害

図表５－２　障害児通所・入所支援の利用者負担

所得区分		負担上限月額
生活保護世帯		0 円
住民税非課税世帯		0 円
住民税課税世帯	一般１ ※1	4600 円 ※2
	一般２ ※1	37200 円

※１　一般１　住民税非課税世帯のうち，年収がおおむね 890 万円以下。
　　　一般２　住民税非課税世帯のうち，年収がおおむね 890 万円超。
※２　施設入所の場合は，9300 円。

出所：筆者作成。

(12)　同様の指摘に，中村尚子「障害者制度改革とこれからの療育」障害乳幼児の療育に応益負担を持ち込ませない会『障害のある子どもと「子ども・子育て新システム」』（全障研出版部，2010 年）58 頁参照。

児の療育についても無償とすべきと考える。

第6章　子ども・子育て支援金，こども誰でも通園制度と子ども・保護者の権利

2024年6月に，改正子ども・子育て支援法が成立し，2026年度からの，子ども・子育て支援金（社会保険料）の創設などが確定した。本章では，子育て支援の財源としての子ども・子育て支援金の諸問題を探り，消費税と社会保険料による社会保障の財源確保の問題を分析する。そのうえで，子ども・子育て支援金を財源とした「こども誰でも通園制度」について，子ども・保護者の権利という観点から考察を加え，課題を展望する。

1　社会保障の歳出削減と社会保障の財源問題

(1)　増大する社会保障費と社会保障の歳出削減の様相

日本の社会保障の費用は，高齢化の進展に伴い，年金・医療を中心に，財政規模が拡大してきた。2024年度当初予算でみると，一般会計の歳出の総額は112兆717億円（対前年度予算比2兆3095億円）と12年ぶりの減額に転じたが，年金や医療などの社会保障関係費は，37兆7193億円（同8560億円増）となり，最大の歳出項目となっている（防衛費も，対前年度予算比1兆1292億円増の7兆9172億円と過去最大に膨らんでいる）。この増大する社会保障費用をどう賄うのか，その財源をどこに求めるのかが一般に社会保障の財源問題といわれる。

そして，この間，歴代自民党政権のもと，社会保障費は，自然増の部分（制度改革を行わなくても，高齢化の進展などで自然に増加していく部分）という必要な費用まで，毎年1000億円から2000億円（国費）も削減されてきた（2024年度予算でも1400億円程度削減）。近年の削減は，医療保険の診療報酬における薬価の改定（引き下げ）が中心だが，医療保険の一部負担金の引き上げなどの制度改革による削減もされてきた。こうした社会保障費の削減，とくに病床削減を中心とした医療費抑制政策が，新型コロナのパ

ンデミックの中，病床が不足し，入院治療ができないまま多くの患者（大半が高齢者）が施設や在宅で亡くなるという悲惨な結果をもたらしたことは記憶に新しい[1]。

社会保障の歳出削減については，2022年10月からの75歳以上の高齢者の2割負担導入など，とくに医療・介護分野で，高齢者を狙いうちにした窓口負担・利用者負担の引き上げ，保険給付の範囲の縮小などの給付抑制が続けられてきた。医療保険の診療報酬や介護保険の介護報酬についても抑制が続けられてきたが，2024年度の診療報酬・介護報酬等の同時改定では，日本医師会をはじめとする医療・介護団体が，物価高と人手不足の中，診療報酬・介護報酬の大幅引き上げを要求し，財務省が，マイナス改定を主張するなど激しい攻防が繰り広げられた。最終的には，診療報酬は，市場価格との差額を踏まえ薬価を1％引き下げ，医療機関の人件費や設備費となる本体部分については0.88％引き上げにとどめ，全体でマイナス改定となった（国費は約400億円削減）。近年の診療報酬改定では，従来のように薬価を引き下げた分の財源を本体の引き上げ部分に充てず，前述のように，高齢化などで増える自然増の削減に利用されている。介護報酬は，プラス1.59％の微増（国費432億円増）で，このうち，0.98％分を占めるのが介護職員の処遇改善で，処遇改善の3つの加算が「介護職員等処遇改善加算」に一本化された。しかし，訪問介護の基本報酬は引き下げられるなど，介護現場の人手不足が解消されるには程遠い内容である。

⑵ 「全世代型社会保障」の意味するもの

2023年11月には，政府の全世代型社会保障構築会議が「改革工程表」（全世代型社会保障構築を目指す改革の道筋）を提示した。「改革工程表」では，2027年度までの間に，介護保険の2割負担の対象拡大，介護サービス計画（ケアプラン）の有料化，要介護1・2の人の生活援助等の総合事業への移行（保険外し）などについての検討を行い，結論を出すとされ，2028年度までの各年度の予算編成過程で，医療・介護保険の3割負担の

(1)　病床削減など医療費抑制政策について詳しくは，伊藤・岐路に立つ13-18頁参照。

対象拡大，高額療養費の自己負担限度額の見直しなどについて実施の検討・決定を行うように求めている。国（政府）は，高齢者世代と現役世代との世代間対立を煽り，現在の仕組みは「給付は高齢者中心，負担は現役世代中心」であり，この仕組みを改め「全世代型社会保障」を構築すると説明しているが，国際的に見れば，日本の高齢者への支出や給付も手厚いとはいえず(2)，全世代にわたって社会保障の公費支出の底上げが必要といえる。

しかし，後述のように，政府の「異次元」と称される少子化対策も，医療・介護分野での公費削減が子育て支援の財源に回される，いわゆる公費の付け替えが行われるにすぎず（全体のパイを増やすことなく，世代間のパイの奪いあい！），社会保障全体の公費支出は増えない構造になっている。

同時に，高齢者は高所得で，多くの資産を持っているというイメージが流布されているが，日本の高齢者の貧困率は，一般世帯に比べて10％以上も高く，女性22.8％，男性16.4％で，OECD（経済開発協力機構）諸国平均の女性15.1％，男性11.5％を大きく上回っている（内閣府『男女共同参画白書』2022年）。とくに，高齢単身女性の貧困率は44.1％と（2021年度），OECD諸国では最悪水準となっている。女性の低賃金が低年金につながっており，構造的なジェンダー問題が横たわっている（「貧困の女性化」といわれる）。

(3)　社会保障の財源問題

とはいえ，そもそも，社会保障は，国民生活に必要な制度であり，国や自治体の予算が優先的に配分されるべき性格のものである。財政規模や費用が増大し続けていても，国民生活に必要な予算である以上，借金してでも確保すべきであり，予算の大部分が社会保障に充てられることは，異常でも偏重でもなく，きわめて正常な財政の姿といえる(3)。

---

(2)　詳しくは，唐鎌直義「日本における社会保障の後進性とその克服」KOKKO 54号（2024年）80-83頁参照。

(3)　同様の指摘に，横山壽一「社会保障の財源問題をめぐる対抗と展望」医療・福祉問題研究会編『医療・福祉と人権――地域からの発信』（旬報社，2018年）179頁参照。

それゆえ，国の財政が苦しいから，社会保障費を削減すべきという立論自体は成り立たないはずだ。とくに「健康で文化的な最低限度の生活」水準を定める生活保護基準については，そもそも，国の財政事情が苦しいからといって，無制約の引き下げが許容されるものではない。朝日訴訟第1審判決（東京地判1960年10月19日行集11巻10号2921頁）のいうように，「最低限度の水準は決して予算の有無によって決定されるものではなく，むしろこれを指導支配すべきもの」だからである。

問題なのは，国の財政赤字や歳入不足を理由に，社会保障の費用が削減されている現状である。社会保障の自然増分も含めて必要な予算まで削減されていることが問題なのである。つまり，社会保障の財源問題とは，国民生活に必要な社会保障の財源が本当に確保できないのか，つぎにみる消費税以外に財源はないのかという問題設定に置き換えることができる。

2 消費税による社会保障財源の確保とその問題点

(1) 消費税と社会保障財源のリンク――社会保障・税一体改革

日本では，1989年に導入された消費税が，その導入当初から，社会保障の主要な税財源と位置づけられ，社会保障の充実のためと称して，税率の引き上げが行われてきた（3％→5％→8％→10％）。この間，財務省を中心に，増え続ける社会保障費を賄う税財源は消費税しかないという宣伝が執拗に繰り返され，多くの国民が「社会保障財源＝消費税」という呪縛にとらわれ，そう思い込まされてきたし，現在でもそうである。

社会保障の財源を消費税とリンクさせる「消費税の社会保障財源化」が明確に打ち出されたのは，2012年の当時の民主党政権のもとでの「社会保障・税一体改革」（以下「一体改革」という）においてであった。同年2月に閣議決定された「社会保障・税一体改革大綱」を受け，同年3月に，消費税率の引き上げなどを内容とする消費税法の改正案が国会に提出され，法案修正のうえ同年8月に成立した。

改正された消費税法には「消費税の収入については，地方交付税法の定めるところによるほか，毎年度，制度として確立された年金，医療及び介護の社会保障給付並びに少子化に対処するための施策に要する経費に充てるものとする」（1条2項）と定められ，同時に成立した社会保障制度改革推進法にも同様の規定が盛り込まれた（2条4項）。

一体改革が「消費税の社会保障財源化」と称しているのは，法律で消費税の使途を「社会保障4経費」（年金，医療，介護，少子化対策）に限定したことをさしている。とはいえ，財務会計制度では，特別会計などを設置して「社会保障4経費」を他の歳入・歳出から区分して経理することはしていない。法律で使途を限定しても，財務会計上はそうなっておらず，消費税は使途を特定しない一般財源である。地方税法も，地方消費税の使途を明記しているが，地方消費税も一般財源に区分されている。したがって，消費税は社会保障費にしか用いないという意味での社会保障目的税ではない。実際に，消費税収は，国債の発行抑制など社会保障以外に使われていることは政府資料を見ても明らかである。

(2)　社会保障・税一体改革の本質

以上のことから，一体改革のいう「消費税の社会保障財源化」とは，消費税を社会保障目的税とすることではなく，消費税の増税分しか社会保障支出（かりにそれ以上必要があったとしても）を増やさないこと，いわば社会保障の支出にキャップをかぶせることを意味している。同時に，社会保障制度改革推進法では「社会保障の機能と充実と給付の重点化及び制度の運営の効率化とを同時に行（う）」とも規定している。

このことは，社会保障の充実のための財源は，消費税増税のほかは，他の社会保障給付の削減（給付の重点化・制度の運営の効率化）によって捻出された財源を充てるということにほかならない。つまり，社会保障の財源（正確には社会保障4経費）を消費税以外の歳入から切断し，他の歳入がいくらあろうと，社会保障の充実は，消費税の増税でしか賄わない，もしくは，他の社会保障給付を削減して捻出した財源（後述のように，これらの財源に子ども・子育て支援金といった新たな社会保険料負担が加わる）でしか賄わない，その他の一般財源の税は社会保障以外の施策（現在では，とくに防衛費）に回すとしたところに，一体改革の本質がある。

他の社会保障給付を削減して，別の社会保障の充実のための財源を捻出する手法がとられた例としては，2021年10月から，児童手当の特例給付（所得制限にかかる世帯に月額5000円を支給）が縮減され，年収1200万円以上の世帯が対象外となり（特例給付を受けられなくなった子どもは，児童手当を受給している全体の４％，約61万人にのぼった），これにより浮いた公費370億円程度が，待機児童解消のための「新子育て安心プラン」の財源とされた施策がある(4)。

(3) 消費税の問題点

しかし，消費税についていえば，それを社会保障の主要な税財源とすることには大きな問題がある。消費税そのものが以下のような問題を抱えているからである。

第１に，消費税は，一部の例外を除いてほぼすべての商品やサービスの流通過程にかかるため，家計支出に占める消費支出（とくに食料品など生活必需品の消費支出）の割合が高い低所得者ほど負担が重くなる逆進性の強い税である。しかも，高所得者ほど，収入を貯蓄や株式投資に回す割合が高く，金融所得が多いうえに，金融所得の課税率が低いため，所得比でみた消費税の逆進性はいっそう強まる傾向がある。

第２に，消費税は，法人税や所得税のように利益に課税する税ではなく，事業の付加価値に課税する税のため，年商1000万円（消費税の免税点）以上の事業者であれば，事業が赤字であっても納税額が発生し，滞納が生じやすい。実際，消費税（国税）の滞納率は，ほぼ毎年４％程度で推移しており，所得税の1.3%，法人税の１％程度と比べると格段に高く，毎年の滞納額の約６割を消費税が占める。電気や水道，鉄道など公共料金は，消費税分を転嫁して料金を決めることができるが，市場での力関係で劣位に置かれている中小事業者などは，消費税分を価格に転嫁できず，消費者から預かってもいない消費税分を，自腹を切って納付しなければならなくな

(4) 北明美「児童手当・所得制限の強化ではなく，撤廃を」日本子どもを守る会編『子ども白書・2021年』（かもがわ出版，2021年）132頁は，「新子育て安心プラン」の追加費用として，企業が納付する子ども・子育て拠出金の増額を財界が了承したかわりに，特例給付を削減することを政府が約束したと指摘している。

る。その場合，消費税は，もはや負担者と納税者が異なる間接税とはいえず，事業者の不特定財産に対する直接税と化している。消費税は市場で弱い立場の側が負担を強いられる仕組みといってよい。

第3に，消費税の輸出還付金の問題がある。輸出企業の場合は，最終消費者が国外のため，製品になるまでに支払ってきた消費税分は「損税」として，企業側が負担することになる。そこで，輸出企業は，この分を輸出還付金として受けることができる。しかし，トヨタ自動車などの輸出大企業が，部品調達過程で消費税をきちんと払っているとは考えにくく，その場合は，消費税の輸出還付金は輸出大企業への補助金に化している[(5)]。

第4に，消費税は，間接的ながら，雇用破壊税としての性質も有している。企業は，正社員を減らし，必要な労働力を派遣や請負などに置き換えれば，それらの経費は，消費税の「仕入税額控除」の対象となるため（正社員への給与はならない），当該企業の消費税の課税対象額が縮小し，納税額が少なくなる。そのため，消費税の増税は，企業による正社員のリストラや外注化を促進しやすい。実際，5％に消費税率が引き上げられた1997年以降，それに呼応するかのように，労働法制の規制緩和が進み，派遣労働者や非正規労働者が増大した。2023年12月に閣議決定された「こども未来戦略」で挙げられている数値でみると，男性の正規職員・従業員の有配偶率が25〜29歳で30.5％，30〜34歳で59.0％であるのに対し，非正規の職員・従業員の場合は，それぞれ12.5％，22.3％にとどまっており，若年層で進む非正規雇用化など不安定・低賃金労働の増大こそが，経済的理由から若者が結婚できず子どももももてない状況を作り出し，少子化の最大の原因になっていると考えられる。その意味で，消費税の増税は，今以上に不安定・低賃金労働者を増やし，逆に少子化を促進することになりかねない。

⑷　社会保障財源としての消費税の問題点

以上のように，消費税は，貧困や格差を拡大する特徴をもつ不公平税制

(5)　消費税の輸出還付金について詳しくは，伊藤・消費税56-57頁参照。

といってよい。そして，社会保障の主要財源を消費税に求めるかぎり，貧困や格差の拡大に対処するために，社会保障支出の増大が不可避となり消費税を増税し続けなければならなくなる。増税ができなければ，社会保障を削減し，貧困と格差の拡大を放置するかしかない。消費税は，社会保障の財源として最もふさわしくないのである。

そして，その逆進性の強さから，消費税の増税は国民の根強い反対があるため，政治的に難しい。物価高と実質賃金の低下が続く現在の経済状況ではなおさらである。何より，物価高が続くインフレの下では，消費税は税率を上げたのと同じ効果をもたらす。2022年度は，消費者物価が3.1％上昇したが（内閣府発表），これは消費税率が3.1％ほど上昇したこと，つまり10％が10.31％になったのと同じで，消費税収を増やす。実際，2022年度の消費税収は23.1兆円と，当初見込み21.6兆円を大幅に上回り，国の税収増の大きな要因となっている。まさに消費税はインフレ税といえる(6)。

結局，政府は，現在の物価高騰の状況下で，消費税の増税に踏み込むこともできず，先の「こども未来戦略」では「財源確保のための消費税を含めた新たな税負担は考えない」と明記，少子化対策・子育て支援の財源としての消費税（の増税）という選択肢は早々に排除された。

③ 子ども・子育て支援金の概要と諸問題

(1) 子ども・子育て支援金の概要──社会保険料による財源調達

消費税という選択肢が排除された段階で，財源として浮上したのが，社会保険料である。

前述のように，「こども未来戦略」では，「異次元の少子化対策」に必要な財源のうち1兆円程度を，2026年度から医療保険料に上乗せして徴収する「子ども・子育て支援金」（以下「子育て支援金」という）で賄い，残りは社会保障の歳出削減（1.1兆円程度）と既定予算の活用（1.5兆円程度）で賄うとされた（序章1参照）。

---

(6)　梅原英治「消費税の基幹税化と税制3機能の崩壊」経済337号（2023年）39頁参照。

これを受けて，改正子ども・子育て支援法では，こども・子育て政策の全体像と費用負担の見える化を進めるため，2025年度より，年金特別会計子ども・子育て支援勘定および労働保険特別会計の雇用勘定（育児休業給付関係）を統合し，「子ども・子育て支援特別会計」を創設するとした（こども家庭庁「子ども・子育て支援法等の一部を改正する法律案の概要」８頁参照。以下「概要」という）。子ども・子育て支援特別会計は「子ども・子育て支援勘定」（内閣総理大臣管轄）と「育児休業等給付勘定」（厚生労働大臣管轄）に区分され，前者について，既存の公費負担（一般会計からの繰入）と事業主拠出金のほかに，子ども・子育て支援納付金（子育て支援金）

図表６－１　子ども・子育て支援特別会計の内容

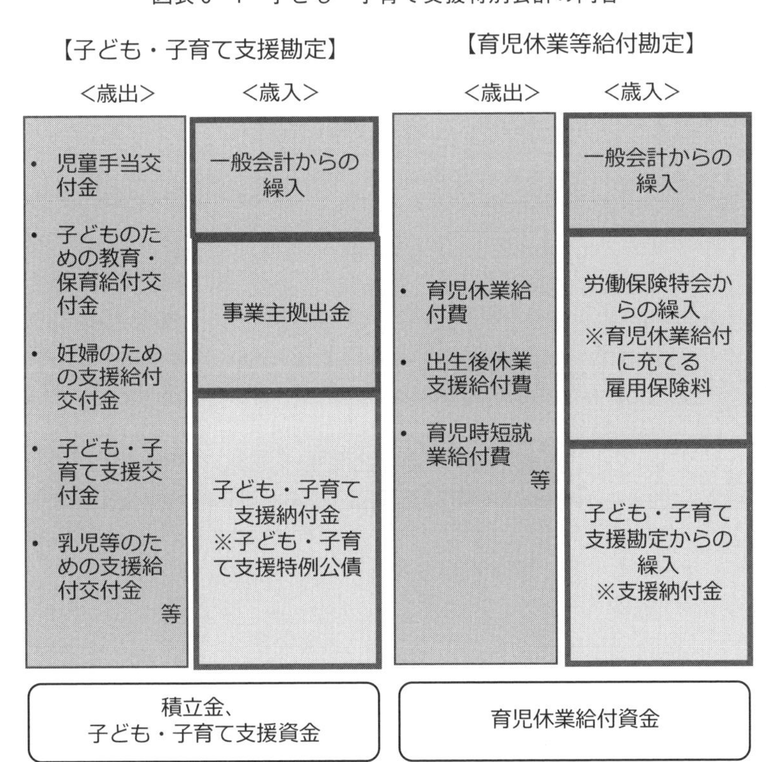

出所：こども家庭庁「子ども・子育て支援法等の一部を改正する法律案の概要」８頁。

を加える（図表6－1）。2028年度までに，不足する財源については「こども・子育て支援特例公債」（つなぎ国債）を発行，2024年度に必要な財源は8000億円程度，つなぎ国債の発行は同年度で2219億円の見込みである。

子ども・子育て支援納付金は，各医療保険者からの納付金として徴収される（図表6－2）。医療保険者は，医療保険制度上の給付にかかる保険料や介護保険料とあわせて，子ども・子育て支援金を徴収する（一般保険料率と区分して子ども・子育て支援金率を規定。健保160条の2等）。子育て支援金の被保険者等への賦課・徴収の方法，国民健康保険等における現行の低所得者軽減措置（国民健康保険料では，18歳以下の支援金の均等割の全額軽減措置が新たに講じられる）など，医療保険者への財政支援等も医療保険各法に定められた。

日本では，社会保障給付費の大部分が社会保険方式（医療・年金・介護・雇用・労災）で実施されており，社会保障財源として社会保険料収入が半分以上を占めている。そして，子育て支援の財源についても社会保険料が用いられている部分はある。たとえば，児童手当の財源には，被用者につ

図表6－2　子ども・子育て支援金の徴収

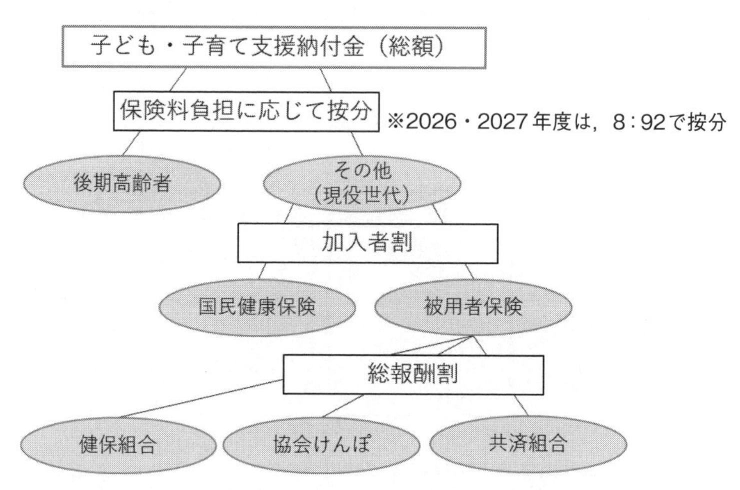

出所：こども家庭庁「子ども・子育て支援法等の一部を改正する法律案の概要」9頁。一部修正。

いて，前述の事業主拠出金（費用の7/15を負担し，残りは国・地方自治体が負担）が用いられているし[7]，育児休業給付金は，雇用保険料で賄われている（保険料は4/1000を労使折半）。また，医療保険の出産手当金も医療保険料を原資としているし，出産育児一時金の引上げ分の一部を後期高齢者医療保険料で賄う仕組みが，2024年度から実施されている[8]。

とはいえ，子育て支援の主要な財源が公費（税金）であることは各国共通で，子育て支援を完全な社会保険方式で行っている国は存在しない。2000年代に，子育て支援全般を社会保険方式で行う「育児保険」構想が研究者から提案されていたが，子どもを産み育てることは，本人ないしカップルの意思や選択の結果であり，偶発的なリスク（保険事故）に備えるという社会保険に適さないなどの批判があり，主流にはなりえなかった。2017年には，自民党の「2020年以降の経済財政構想小委員会」が，子育て分野における社会保険方式による財源調達の手段として「こども保険」の導入を提言し注目されたが[9]，2019年10月からの消費税増税と幼児教育・保育の無償化の実施で，導入は見送られた。その後も，財務省の財政制度等審議会が，2020年から4年連続で，予算編成に関する建議において，保険料財源による少子化対策への拠出の拡充を提言している。

⑵　後期高齢者支援金をモデルにしたこども・子育て支援金

子育て支援金は，制度的には，「こども保険」構想の焼き直しであり，現在の後期高齢者医療制度の後期高齢者支援金をモデルにしている。

75歳以上の高齢者を被保険者とする後期高齢者医療制度の財政構造は，原則1割（一定所得以上の者は2割もしくは3割）の高齢者の窓口負担分を除く給付費を，75歳以上の高齢者からの後期高齢者医療保険料（約1割），

---

(7)　拠出金の額は，子ども・子育て支援法では，厚生年金法に基づく保険料算定の基礎となる標準報酬月額に基づいており，拠出金は社会保障給付費統計では社会保険料に分類されている。

(8)　この問題について詳しくは，伊藤・医療108-109頁参照。

(9)　自民党の「こども保険」構想の内容と問題点については，伊藤周平「保育の制度・財源はどうあるべきか――保育制度の介護保障化と財源問題」月刊保育情報493号（2017年）15-16頁参照。

各医療保険者からの後期高齢者支援金（約4割），公費（約5割。国25%，調整交付金8%，都道府県と市町村で各8%の定率負担）で賄う仕組みとなっている（図表6－3）。

このうち，後期高齢者支援金（および前期高齢者納付金とそれぞれの関係事務費）のための費用には各医療保険者の加入者の保険料の一部が充てられている。健康保険では，各医療保険者に課され一般保険料額を定めるための一般保険料率の一部をなす特定保険料率として示され（健保156条，160条14項），国民健康保険料においては，後期高齢者支援金等に充てる部分のみが後期高齢者支援金等賦課額として示されている（国民健康保険法施行令29条の7第1項・3項）。この特定保険料は「保険料」という名称ではあるが，それを負担する被保険者への保険給付に用いられるのではなく，財政調整（財政支援）に充てられる部分であり，被保険者の属する保険者の外に流れる部分である(10)。とくに，後期高齢者支援金の原資となる保険料負担の部分については，負担者は，後期高齢者医療制度の被保険者ではなく他の医療保険の被保険者であり，負担者への給付はなされず，そ

図表6－3　後期高齢者医療の財源

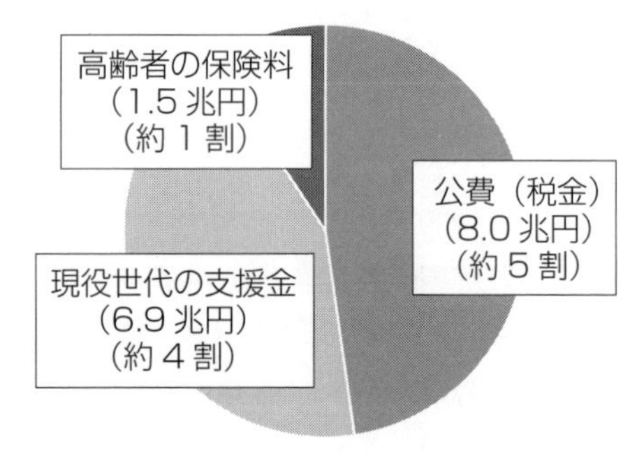

注：2022年度予算ベース。窓口負担（1.5兆円）等を除く。
出所：厚生労働省資料。一部修正。

(10)　太田匡彦「社会保障における租税以外の費用負担形式に関する決定のあり方について──あるいは，租税と社会保障／社会保険の一断面」金子宏監修『現代租税法講座・第1巻／理論・歴史』（日本評論社，2017年）99頁参照。

の法的性質は租税に近い性質を有する負担金と理解するしかない[11]。

後期高齢者支援金の徴収根拠は，高齢者の医療費を社会全体で支えあう「社会連帯」の精神に基づくと説明されているが[12]，そのようなきわめてあいまいな理念で，被保険者でない者が支払う反対給付のない負担金を「保険料」と称するのは，保険料の概念を逸脱する。

旭川市国民健康保険条例事件の最高裁判決（最大判2006年3月1日民集60巻2号587頁）は，国民健康保険料は「被保険者において保険給付を受け得ることに対する反対給付として徴収される」とし，租税には該当せず，憲法84条の租税法律主義は直接適用されないとしつつも，一方で，賦課徴収の強制の度合いにおいては租税に類似する性質を有し，「保険料と保険給付を受け得る地位とのけん連性」があることを重視して，租税法律主義の趣旨は及ぶとした[13]。ここで「けん連性」とは，給付を受けるためには必ず保険料を拠出していなくてはならないとの厳格な条件関係をいうのではなく，緩やかな対応関係があれば足りると解されている。しかし，後期高齢者支援金については，各医療保険者の被保険者が支払う特定保険料と保険給付の「けん連性」は完全に切断されており，特定保険料は租税としての意味しかもたない。子育て支援金の場合にも，子どものいない世帯や高齢者世帯の負担する保険料の部分は，この「けん連性」は完全に切断されている。いわば単なる財政調達の手段として社会（医療）保険制度を通じた費用負担が求められているといえよう。

---

(11)　同様の指摘に，加藤智章『社会保険核論』（旬報社，2016年）198-212頁，新田秀樹「財政調整の根拠と法的性格」社会保障法研究2号（2013年）72-74頁。

(12)　土佐和男編著『高齢者の医療の確保に関する法律の解説』（法研，2008年）391頁参照。

(13)　国民健康保険料は，国民健康保険税として徴収される場合もあり，国民健康保険税については反対給付性があるにもかかわらず，最高裁は，憲法84条の直接適用を認めている。しかし，法形式の相違のみで，法律による規制密度の相違を許容することには疑問が残る。増田英敏『リーガルマインド租税法〔第5版〕』（成文堂，2019年）265頁参照。

⑶　子ども・子育て支援金の諸問題

以上のように，子育て支援金は，子育て世帯でない多くの国民にとっては，負担だけで給付のない税負担と同じである（「隠れた増税」）。

社会保険制度は，強制加入の制度であり，保険料負担能力がない人も低い人も被保険者とすることから，保険料の減免制度が存在する。保険料の負担（拠出）をしなくても，必要に応じて給付がなされるのが，私保険と異なる社会保障制度としての社会保険の最大の特徴といえる。最高裁も，保険料拠出がなくても受給権が発生する関係の存在を肯定している（沖縄医療生協事件・最判1999年10月22日民集53巻7号1211頁参照）。

では，後期高齢者支援金を拠出している医療保険の被保険者や子育て支援金を拠出することとなる医療保険の被保険者（子育て世帯を除く大半の人）のように，「負担あって給付なし」が社会保険制度において法的に認められるだろうか。各医療保険の被保険者が支払う特定保険料については，租税としての意味しか持たず，しかも後期高齢者支援金としての使途の面で，医療保険者・被保険者がその配分決定に参加する機会は完全に欠如しており（財政民主主義は実現できず），憲法84条の租税法律主義の趣旨に反する。つまり，社会保険制度における「負担あって給付なし」は，財政民主主義を実現することができず，租税法律主義の趣旨に悖ることになる[14]。このことは，子育て支援金にも該当する。

そもそも，保険加入者が負担した保険料を他の者のために流用することは，加入者の権利を損なうものであり，保険制度の規律を低下させる[15]。ひいては，負担する加入者の不満を高め，制度への信頼を損ないかねない。実際に，高齢化の進展とともに，年々，後期高齢者支援金の額が増大し，健康保険組合など被用者保険の財政を悪化させる大きな要因となっている。2022年度の健康保険組合決算見込みによれば，経常支出総額に占める割合は，保険給付費が53.0%，高齢者医療への拠出金が40.2%と，支出の

---

(14)　同様の指摘として，丸谷浩介「社会保険としての育児休業給付金」週刊社会保障3220号（2023年）53頁参照。

(15)　田中秀明「異次元の少子化対策の財源を問う――社会保険料と税の比較――」社会保険旬報2892号（2023年）16頁参照。

4割が後期高齢者支援金など高齢者医療への拠出金で占められている。そのため，健康保険組合連合会（健保連）からは，現役世代の負担（後期高齢者支援金の負担分）を軽減するために，75歳以上の高齢者の窓口負担の2割化などを求める声があがり，現役世代と高齢世代の世代間の対立が深まっている。

後期高齢者支援金制度の仕組みは，後期高齢者医療制度が理念として掲げている「国民の共同連帯」（高齢者の医療の確保に関する法律1条）を掘り崩し，世代間の連帯というより対立を助長している。そして，現在の高齢者医療改革は，後期高齢者医療制度における高齢者と現役世代の世代間対立をあおりつつ，現役世代の負担軽減を名目に，高齢者の保険料負担・自己負担増などの給付抑制を進めている。こうした状況を踏まえるならば，後期高齢者支援金をモデルとした子育て支援金は，子育て世帯とそれ以外の世帯（高齢者世帯のみならず現役世代であっても子どものいない世帯）との分断・対立構造を持ち込むことを意味する。将来的には，その分断・対立構造を利用しつつ，高齢者医療の分野で行われているような窓口負担の増大などの給付抑制策が，たとえば，利用者負担の引上げなどの形で，子育て支援の分野で行われていくことが予想される。

また，医療保険料に上乗せされる子育て支援金は，医療保険と同様の賦課方式で行われるため，逆進性が強く，低所得者の負担が重い。子育て支援金では，低所得者について負担軽減をはかる仕組みが導入されるが，現在の国民健康保険と後期高齢者医療にある保険料軽減措置を適用するにとどまり，唯一新たな措置である国民健康保険料の18歳以下の支援金の均等割の全額軽減措置も，軽減分のほとんどは他の国民健康保険加入者の保険料に上乗せされる（小学校就学前の子どもにかかる軽減分の2分の1のみが公費で措置される）。

⑷　社会保険料による財源確保の問題点

何よりも，社会保険料による財源確保（調達）には，以下のような問題がある。

第1に，社会保険料は，給付を受けるための対価とされているため，所得のない人や低い人にも保険料を負担させる仕組みをとり，消費税と同様，低所得者ほど負担割合が高く逆進性が強い。健康保険や厚生年金保険などの被用者保険の保険料は，標準報酬に応じた定率の負担となっているが，累進制ではなく，標準報酬月額に上限が存在するため（健康保険料で第50級・139万円，厚生年金保険料で第32級・65万円），高所得者の保険料負担は軽減されている。また，地域保険である国民健康保険料，介護保険第1号保険料，後期高齢者医療保険料は，住民税非課税の低所得者・世帯にも賦課される。地域保険は，被用者保険に比べると，事業主負担が存在せず，無職者や低所得者が多いにも関わらず，保険料額が突出して高くなっている。加入者の平均所得に占める市町村国民健康保険料の負担率（10.3%）は，大企業の組合管掌健康保険加入者の負担率（5.8%）の2倍近くに及ぶ。軽減制度はあるが，保険料の免除は，災害など突発的な事由に限定されており，恒常的な生活困窮者は対象とならない。低所得者に過重な保険料負担といえ，それらの人の家計を圧迫し貧困を助長するという本末転倒の事態が生じている。

第2に，保険料は，企業にとっても，事業主負担分があるため労働コストであり，労働所得への課税であるため，保険料の引き上げは，賃上げを抑制する。また，企業が負担増を避けるため，非正規雇用への切り替えを進める可能性もある。前述したように，非正規雇用のような不安定雇用の増大は，少子化を加速することになろう。

第3に，財源の拡充に限界がある。日本は，ヨーロッパ諸国に比べると，社会保険料負担に占める被保険者拠出（負担）が事業主拠出（負担）に比べて多く，個人（被保険者本人）の社会保険料負担は，先進諸国ではトップレベルである。労働者の年金・医療・介護保険料の合計負担率は30%近くに達しており，低所得者だけでなく中間層にも過重な負担となっている。これ以上の保険料の引き上げは，労働者の可処分所得の減少と消費の減退をもたらし，経済を確実に冷え込ませる。

第4に，社会保険には「負担なければ給付なし」という「保険原理」が内在しており，社会保険料を滞納している場合などには給付制限が加えられ給付が受けられない，もしくは保険の加入者でなければ給付が受けられない事態が生じる（社会保険の「排除原理」）。たとえば，育児休業給付金は雇用保険料を原資としており，雇用保険に加入していない非正規労働者や個人事業主とされるフリーランスは給付金の対象とならない。国民健康保険料の滞納者には，資格証明書の交付により窓口負担が10割になるなどの給付制限がなされ，事実上の無保険状態に追いやられている。子育て支援金も，何らかの理由で滞納した子育て世帯への給付の差し止めが予想される（子育て支援金は医療保険料に上乗せされて徴収されるため，滞納により医療についても給付制限を受け，医療も保育も受けられないという事態になりかねない）。現在，問題となっているマイナンバー制度も，各人が納めた税と保険料の額を比較できる負担と給付の「個人会計」を構築し，税や保険料の滞納がある個人に対する給付制限を確実に行い，社会保障費の削減を図ろうとする目的がある。

4　こども誰でも通園制度の概要と法構造

(1)　こども誰でも通園制度の創設に向けて

ついで，子育て支援金（社会保険料）を財源とする「こども誰でも通園制度」（以下「通園制度」という）について検討する。

通園制度については，2023年に，こども家庭庁の中に「こども誰でも通園制度（仮称）の本格実施を見据えた試行的事業実施の在り方に関する検討会」（以下「検討会」という）が設立され，制度設計の議論と試行的事業が実施されてきた。

こども家庭庁が，検討会に提出した資料では，通園制度の目的は，ゼロ歳児から2歳児までの子どもを家庭で育てている保護者の育児不安・孤立感を解消し，子育て負担の軽減を図る，少子化対策としての効果，保育所の空き定員の充足の活用などとされている。具体的には，①対象は，ゼロ歳6カ月～2歳の未就園児，②保護者の就労要件は問わない，③現在の「子どもための教育・保育給付」とは別に「新たな給付」を創設，④利用方法は，保護者と事業者の直接利用契約による。⑤保育料は事業者が徴収する，などである。これらの内容は，2024年に成立した改正子ども・子育て支援法（以下「改正法」という）において法定化され，実施に移されることとなった。とくに，③の実施で，児童福祉法24条1項にもとづき市町村が保育実施義務をもつ保育提供制度（委託制度）と「新たな給付」による保育提供制度が並列することとなる。

⑵ 乳児等支援給付と支給手続き

改正法では，子ども・子育て支援給付に，子どものための現金給付（児童手当），子どものための教育・保育給付，子育てのための施設等利用給付のほかに，妊婦のための支援給付および乳児等のための支援給付を加える（子育て支援8条。改正法の施行は2026年4月からだが，以下，新条文を記載）。このうち，こども誰でも通園制度の給付として位置づけられているのが，乳児等のための支援給付（以下「乳児等支援給付」という）であり，この給付には，乳児等支援給付費の支給と特例乳児等支援給付費の支給がある（同30条の12）。

乳児等支援給付の支給要件（対象者）は，満3歳未満で，保育所等に通っていない子どもである（子育て支援30条の14）。ただし，0歳6カ月までは制度として伴走型相談支援事業等があることや，多くの事業所で0歳6カ月以前から通園の対象とすることは，子どもの安全を確保できるのかなどの課題があり，0歳6カ月から3歳未満の子どもが基本的に想定されている（「概要」5頁参照）。

乳児等支援給付を受けるためには，その子どもの保護者は，市町村に申請して，認定（乳児等支援給付認定）を受けなくてはならない。市町村は，乳児等支援給付認定を行ったときは，認定証（乳児等支援支給認定証）を交付する（子育て支援30条の15）。認定証には，氏名のほか，内閣府令で定める事項が記載される。おそらく，1カ月の利用時間（たとえば，10時間）などが記載されるものと考えられる。

乳児等支援給付認定を受けた子どもが，特定乳児等通園支援事業者（市町村の確認を受けた認定こども園や幼稚園，保育所などの保育施設や事業者）を利用した場合に，その子どもの保護者に対して，乳児等支援給付費が支給される。給付費の額は，1時間当たりの特定乳児等通園支援に通常要する費用の額を勘案して内閣総理大臣が定める基準により算定した費用の額に当該月に子どもが乳児等通園支援事業を利用した時間を乗じた額とされている（子育て支援30条の20第1・2・3項）。

条文の構成から，1時間当たりの補助単価（公定価格）が設定され，現在の介護報酬単価のように，地域ごとに異なる単価設定となると考えられる[16]。利用枠は，月10時間以上で，体制の整備の状況その他の事情を勘案して内閣府令で定める時間とされている。ただし，2026年度から内閣府令で定める月一定時間の利用枠での実施が難しい自治体においては，3時間以上であって内閣府令で定める月一定時間の利用可能枠の範囲内で利用可能枠を設定することを可能とする2年間（2026・2027年度）の経過措置が設けられる（「概要」5頁参照）。

特例乳児等支援給付費は，乳児等支援給付認定にかかる子どもが，認定の申請から支給決定までの間に，緊急その他のやむを得ない理由により乳児等通園支援事業者を利用した場合などに支給される（子育て支援30条の21）。

(3)　乳児等通園支援事業と事業者

乳児等通園支援事業については，児童福祉法に「保育所その他の内閣府令で定める施設において，乳児又は幼児であつて満3歳未満のもの…に適切な遊び及び生活の場を与えるとともに，当該乳児又は幼児及びその保護者の心身の状況及び養育環境を把握するための当該保護者との面談並びに当該保護者に対する子育てについての情報の提供，助言その他の援助を行う事業」との定義規定が置かれている（6条の3第23項）。

乳児等通園支援事業（以下「通園支援事業」という）を行う事業者が都道府県および市町村以外の場合は，市町村長の認可が必要となる（児福34条の15第2項）。また，市町村は，通園支援事業の設備および運営について条例で基準を定めなければならず，このうち，①通園支援事業の従事するものおよびその員数，②通園支援事業の運営に関する事項で，児童の適

(16)　介護保険の介護報酬単価は，1単位が10～11.26円とされ，地域やサービスごとに異なる設定となっている。詳しくは，伊藤・医療49-50頁参照。

切な処遇および安全の確保，秘密の保持，児童の健全な発達に密接に関連するものとして内閣府令で定めるもの，については，従うべき基準とされ，その他の事項（面積基準等）は参酌基準とされている（同34条の16第2項）。内閣府令では参酌基準となる部分が多く，自治体ごとの基準に違いが生じ，地域間格差の拡大が懸念される。

また，通園支援事業者については，事業者の申請にもとづいて，市町村長は，事業所ごとに利用定員を定め，確認を行う（子育て支援54条の2）。保育所，認定こども園のほかに，営利法人や個人も事業者として認可・確認を受けることが可能となろう。ただし，利用定員の設定により，定員を超えた利用希望者が殺到した場合，待機者が出てくる可能性がある。

(4) 費用負担

乳児等支援給付の支給に要する費用は，市町村が支弁し，そのうち4分の3に相当する額を国からの交付金，8分の1を都道府県，8分の1を市町村が負担する（子育て支援65条，66条の4第2項）。国からの交付金は，4分の1相当額は国が負担し，2分の1相当額は，国が徴収する子ども・子育て支援納付金を原資とする（同68条4項）。

通園制度の試行的事業実施要綱案（2023年12月）では，試行的事業の補助単価は子ども1人1時間当たり850円，障害児の受け入れは1時間当たり400円加算が原則とされ，保護者の負担（利用者負担）については，1人1時間当たり300円が標準とされている。この単価が，そのまま通園制度の単価（公定価格）として踏襲されるかは不透明だが，利用に応じた出来高払いが基本となることは間違いない。したがって，キャンセルなどで利用がなされなかった場合には，給付（支払い）はなされず，通園事業者の経営は不安定化する。また，前述の通園支援事業の定義からすれば，保護者との面談等も事業の内容に含まれるが，面談等を実施しても利用に結びつかない場合には，面談等に財政的支援がなされないと，面談等の実施は，事業者側のただ働きになる可能性がある。

利用者負担については，条文上（30条の20）では，乳児等支援給付費は全額が支給されると読めるため，保護者負担は生じないかにみえる。ただし，試行的事業と同様，時間単位で定額の負担が課せられる可能性はある。

5 子ども・保護者の権利からみたこども誰でも通園制度の諸問題と課題

(1) 乳児等支援給付の特徴と問題点──市町村責任の後退と保育の商品化

通園制度については，子ども・保護者の権利の観点から，いくつかの問題が指摘できる。

第１に，通園制度における保育について，市町村に保育実施義務はなく，市町村責任が大きく後退していることがある。乳児等支援給付は，子どものための教育・保育給付と同様，法律上は「……給付費の支給」となっており，利用にかかった費用の一部の補助，つまり金銭給付（現金給付）であり，認定を受けた保護者に対する補助（給付費の支給）の仕組みである（個人給付方式）。ただし，実際には，市町村が保護者に支給する給付費を，通園支援事業者に直接支払う方式がとられる（代理受領方式）ため，保護者からみれば，保育所保育のように，現物給付と同様にみえる。しかし，法律上は，市町村が，認定を受けた保護者に支給する形態が基本とされ，あくまでも代理受領方式は便宜的な方法とされていることに注意すべきであろう（代理受領を定める子ども・子育て支援法30条の20第５項は「できる規定」となっている）。

現在の試行的事業では実施主体は市町村とされているが，通園制度では，確認を受けた通園支援事業者が実施主体となり，市町村直営でない限り，実施責任を負うのは個々の事業者となる。さらに，現在は，保育所のみならず認定こども園などの直接契約施設・事業者についても，市町村の利用調整を経て利用が行われているが，通園制度では，通園支援事業者が保育所や認定こども園であっても，市町村は利用調整を行わず，利用に関与しなせず，直接契約が徹底される。市町村が責任を負うのは，認定業務であり，利用があった場合の事業者に対する報酬の支払いだけとなる。市町村責任は大きく後退し，私立の通園支援事業所で保育中に重大事故が起きた場合の責任も，市町村ではなく，事業者が負う（国や自治体に対して，規制権限の不行使のほかは国家賠償責任を問うことができない）。

また，医療保険の場合は，被保険者が保険医療機関に被保険者証を提示し，医療機関の医師が，治療の必要性等を判断する方式をとり，医師が行った治療等の医療行為は，療養の給付として現物給付され，保険給付部分と自由診療部分を組み合わせる「混合診療」は原則として禁止されている[17]。これに対して，介護保険の場合は，保険給付の支給限度額を超えた部分のサービス利用は全額自己負担となり，介護保険の給付対象となる介護サービスと自費による介護サービスとの併用，いわゆる混合介護が認められている。保険給付で不足する介護サービスについては，自費で購入することが想定されているわけで，要介護者（世帯）の所得格差が，そのまま介護サービスの利用格差に跳ね返る仕組みである（ただし，実際に支給限度額を超えるサービスを利用しているのは，利用者全体の1.5％にとどまる）。介護の社会化というより，介護の商品化である。

通園支援事業者の参入状況にもよるが，通園制度の仕組みは，保育分野にも混合保育を認める突破口になりうる。通園支援事業で認定された上限時間を超えた部分を自費負担することで，上限時間を超えて利用が可能になるからである。保護者の所得格差が，保育利用の格差に直結する保育の商品化がもたらされる。

⑵　保育基準の問題

第２に，通園支援事業者の認可や確認の基準は，内閣府令で定める基準に基づき，市町村が条例で定めるが，企業参入を促すため，低い基準が設定されることが予想される。

試行的事業では，現行の一時預かり事業の基準が適用されている。一時預かり事業では，職員の資格・配置の要件が緩和され，たとえば，幼稚園型Ⅱでは，対応する職員のうち保育士等の有資格者の配置は２分の１で足

(17)　医療保険で混合診療を行った場合は，保険診療相当部分についても給付が行われず，患者の全額自己負担となる。ただし，一部の高度先進医療等を対象とした「評価療養」などについては，療養の給付と併用した診療を，保険外併用療養費の支給対象とすることで，混合診療が例外的に認められている。詳しくは，伊藤・医療33-34頁参照。

りるとされるなど，通常の保育よりも低い水準となっている。こうした試行的事業の基準が，そのまま通園支援事業に適用された場合には問題がある。高齢者施設でもそうだが，介護事故は，一時的なショートステイ（短期入所）利用の高齢者に多発している。月齢等で個人差が大きい0～2歳児の一時的保育であるからこそ，事故を防ぎ，子どもの命（生命権）を守るためにも，専門の保育士の手厚い配置と専用の部屋での保育が必要なはずである。週1～2回で時間単位の細切れ通園を，しかも保育士資格のない保育者の配置で可能とする通園制度の制度設計では，事故が多発することは目にみえている。そこには，0～2歳児の発達特性や生活パターンの異なる子どもを集団保育の場で受け入れることの困難さに対する無理解があるというほかない。

通園制度と同様の個人給付・直接契約方式をとる障害児の放課後デイサービス事業では，規制緩和による企業参入で，事業者は増大したが，死亡事故や行方不明事件が多発している。2023年には，大阪の吹田市の施設で，男子中学生が行方不明となり１週間後に近くの川で亡くなっているのが見つかるといった痛ましい事件も生じている。NHKの調査では，アンケートに応じた範囲だが，５年間で，全国で313人もの行方不明が出たことが明らかになっている。その背景には，職員体制の極端な脆弱さが指摘されている。

何より，子どもの発達保障，子どもの権利保障という観点からすれば，３歳未満の子どもの心や発達を無視し，モノのように，ただ預けることに終始するような通園制度は，子どもへの不安や葛藤を生み出す心理的抑圧であり，「児童の人権を著しく侵害し，その心身の成長及び人格の形成に重大な影響を与える」（児童虐待の防止等に関する法律１条）虐待に該当すると考える[18]。

(3)　企業参入と出来高払い方式の問題

第３に，通園制度における企業参入の問題と日額報酬制度（利用に応じ

(18)　同様の指摘に，白石正久「子どもの育ち・発達の視点から，『こども誰でも通園制度』を考える」月刊保育情報569号（2024年）7-8頁参照。

た給付＝代理受領による報酬の支給。以下「出来高払い方式」という）となることの問題がある。

前述のように，通園制度は，個人給付・直接契約方式，出来高払い方式を採用し，そのうえで，企業をはじめ多様な事業者の参入を認めている。通園支援事業は，社会福祉法人に限定されず，営利法人であっても，条件さえ満たせば指定を受けることができ，学習塾や宿泊業者など異業種からの参入が見込まれる。

実際，すでに個人給付・直接契約方式，出来高払い方式を採用している障害児通所支援（児童発達支援と放課後デイサービス事業）では，規制緩和による企業参入で，事業所数・利用者数が大きく増加し，運営主体に占める営利法人の割合の増加も顕著である（第1章3参照）。2023年度で，全国の児童発達支援の利用者約17万人（2012年比3.6倍），事業者数1万1132か所（同5.2倍），放課後デイサービスは，約31万人（同5.8倍），1万9687か所（同6.8倍）にのぼっている。運営主体については，当初は，公立や社会福祉法人が多かった児童発達支援でも，2022年度には，営利法人が占める割合は24%，放課後デイサービスに至っては53.8%と半数を超えている（以上，厚生労働省調査）。放課後デイサービス事業には，タブレット学習，音楽教室，体操教室などを看板に，ウェブサイトなどで宣伝し，子どもを集める企業が多数参入している。しかし，日替わりで通所先が替わる，午前と午後で異なった施設に通う，土曜日や日曜日も休みなく通う事例など，子どもの通所先がパッチワークのように変わり，子どもが，デイサービス事業に行きたがらない，疲れてしまうなどの声が聴かれている[19]。一方で，障害をもつ子どもの支援に真剣に携わり，手厚い職員配置をしてきた良心的な事業者ほど運営が苦しくなり，改定のたびに複雑化する報酬体系に振り回され減収が深刻となっている。とくに，2024年の報酬改定では，児童発達支援と放課後デイサービスの基本報酬が1人1日の報酬単価制度から一人ひとりの「支援時間」による区分単価に変更さ

(19) 筆者が委員（部会長）を務める鹿児島市自立支援協議会子ども部会での事業者からの聞き取りによる。

れ，より複雑な報酬の個別化が実施された[20]。

前述したように，保育所保育については，支援制度のもとでも，市町村の保育実施義務が維持されているため，認可保育所には，月初めの年齢別の在籍児童数をもとに公定価格が算定され運営費（委託費）が支払われる仕組みであり，臨時休園や利用の減少があっても，収入が保障される。そのため，コロナ禍でも，障害福祉事業者や介護事業所のように利用者の減少による経営難や従事者の給与減，ボーナスカットなどには至らなかった（第1章4参照）。出来高払い方式を経験したことのない保育所が通園制度に参入した場合，これまで経験したことのない「そろばん勘定」の世界に入っていくこととなり，利用数と収入の増減に常にとらわれ[21]，運営が不安定化する。報酬請求などの事務作業の増大，利用のキャンセルがあった場合の対応，保護者との連絡調整など現場の保育士の負担も増大する。

(4)　保険料財源の問題――持ち込まれる介護保険のジレンマ

第3に，通園制度の財源に社会保険料が用いられることの問題がある。

これまで児童福祉・保育，そして児童手当は，公費負担（税）や事業主拠出金，保護者が負担する保育料を財源としてきた。そこに，今回は，さらに子育て支援金（つまりは保険料財源）が加わることになる。その分，公費負担割合は引き下げられる。児童手当の国の負担割合についてみれば，①3歳未満を養育する被用者世帯への児童手当の負担割合は45分の16→0，②3歳以上を養育する非被用者世帯への児童手当の負担割合は3分の2→4分の15，③3歳以上の養育世帯への児童手当は3分の2→9分の4となる（図表6-4）。

通園制度の財政構造は，公費5：保険料5となっており，これは現行の介護保険の財源構造と同じである。介護保険は介護保険料と介護給付費が連動する仕組みであり，介護保険施設や介護サービスの利用が増え，また，介護職員の待遇を改善し，人員配置基準を手厚くするため，介護報酬を引

(20)　詳しくは，中村尚子「障害児通所支援の報酬改定と改革のゆくえ」経済345号（2024年）70頁参照。

(21)　白石・前掲注(18)10頁参照。

図表6－4　児童手当の費用負担の変化

3歳未満を養育する被用者世帯への児童手当

3歳未満を養育する非被用者世帯への児童手当

3歳以上養育世帯への児童手当

注1　所得制限を超えた世帯に対する現行の「特別給付」も国2/3地方1/3の負担となっている。
　2　公務員については所属庁が全額費用負担。
出所：北・注(23) 93頁。一部修正。

き上げると，介護給付費が増大し，介護保険料の引き上げにつながる仕組みになっている。介護報酬単価の引上げは，1割の利用者負担の増大にもはねかえる。しかし，現在の介護保険の第1号被保険者（65歳以上の高齢者）の保険料は，定額保険料を基本とし，低所得の高齢者ほど負担が重いうえに，月額1万5000円以上の年金受給者から年金天引きで保険料を徴収する仕組みで（特別徴収），保険料の引き上げには限界がある。介護保険のジレンマといってよい。結果として，保険料の引き上げを抑制するために，３年ごとの介護保険料の改定と介護報酬改定のたびに，制度改革と称して，給付抑制策がとられてきたし現在も続いている。これにより，介護職の人手不足が深刻化し，家族の介護負担が増え，虐待や心中事件があとをたたない(22)。

通園制度の財源も半分が医療保険料（子育て支援金）となっており，介護保険と同様の問題が生じる。通園支援事業者の運営を安定させ，そこで働く保育士等の処遇を改善しようとすれば，通園制度への給付費（報酬）単価を引き上げなければならないが，引き上げは医療保険料の引き上げにつながる。単価の何割かが利用者負担となれば，単価の引き上げは保護者の負担増にもなる。しかも，前述のように，子育て支援金の原資となる医療保険料のうち，地域保険の国民健康保険料，後期高齢者医療保険料は，住民税非課税の低所得者・世帯にも賦課され，逆進性が強い。介護保険のジレンマがそのまま通園制度に持ち込まれることなる。つまり，給付充実を望むのであれば，子育て支援金（公費負担部分については消費税率）の新たな引き上げに同意すべきであり，それを忌避するのであれば，利用者負担の増大など給付抑制を受け入れるべきだという構図が持ち込まれ，同時に，不足する分については，個人の購買力に応じて市場でサービスを購入する方向に誘導される(23)。そうなれば，購買力の乏しい低所得世帯（の子ども）は，必要な保育を利用することができなくなる。

ユニセフは，2020年の報告書で，消費税や社会保険料を財源とする方式の子育て支援給付は，先進諸国にみられないばかりでなく，これらの財源の逆進性の強い性格のために，低所得者に不利な格差の大きい制度となり，社会の分断を強めると警告している(24)。まさにユニセフの警告する方式で，子育て支援金と通園制度が導入されようとしている。

---

(22)　介護保険の現状と問題点については，伊藤・医療194-197頁参照。

(23)　北明美「子育て支援策の歪曲とそのゆくえ──「社会保険化」構想批判──」女性労働研究68号（2024年）99頁は，こうした構図を作り出すことこそが子育て施策の「社会保険化」の最大の目的であると指摘している。

(24)　Unicef, *Universal Child Benefits*, 2020.

子どもの権利条約にもとづいた子どもの権利，保護者の権利（とくに費用負担についての免除権）の保障という観点からすれば，通園制度は個人給付・直接契約方式ではなく，市町村が保育の実施義務をもつ税方式の公的保育制度（保育所方式）として実施すべきである。

終章　児童福祉・保育の財源確保・法政策と権利保障のゆくえ

最終章の本章では，これまでの考察を踏まえて，児童福祉・保育を含む社会保障の財源確保と税制改革・社会保険改革の方向性を提示する。そのうえで，児童福祉・保育の社会保険化，介護保険化の政策動向を批判し，権利保障の観点から児童福祉・保育の法制度の方向性を展望する。

1 税制改革の方向性

(1) 所得税・法人税の減税と労働所得・消費への課税強化

これまで考察してきたように，政府は，2022年10月からの75歳以上の高齢者の2割負担導入など，とくに医療・介護分野で，高齢者を狙いうちにした窓口負担・利用者負担の引き上げ，保険給付の範囲の縮小などの社会保障の歳出削減を断行し，さらに，介護保険の2割負担の対象拡大，介護サービス計画（ケアプラン）の有料化，要介護1・2の人の生活援助等の総合事業への移行（保険外し），医療・介護保険の3割負担の対象拡大などの歳出削減を実施しようとしている。

しかし，これ以上の社会保障の歳出削減は，医療や介護を必要とする人に重い追加負担を生じさせ，負担増のため受診を控え亡くなる人（現在でも散見される）をさらに増やすことになる。高齢者や病気・障害のある人への給付を削って生命の危機にさらし，子育て支援の財源を確保することが，あるべき財源確保の方策とは到底思われない。では，児童福祉・保育を含めた社会保障の税財源はどこに求められるべきだろうか。

経済のグローバル化の中で，これまで富裕層や多国籍企業は「タックスヘイブン」と呼ばれる，税負担や金融規制がない（もしくはほとんどない）国・地域に資金を移し，巧みに税負担を回避してきた。同時に，国境を越えて活動する多国籍企業を呼び込むために，各国は，これまで法人税の引き下げを競ってきた（「底辺への競争」と呼ばれる）。

日本でも，消費税の増税にあわせて法人税の減税が行われてきた。法人税の基本税率は，消費税導入時の1989年度は40％であったが，2018年度には，23.2％とおよそ半分の水準にまで引き下げられている。法人税の実効税率（法人税，法人住民税，法人事業税などをあわせた税率）も，29.74％にまで引き下げられた。しかし，日本の税制では，研究開発減税をはじめ多くの減税措置（法人税法と租税特別措置法に基づくもの）があり，これらを利用できる資本金10億円以上の大企業の実際の税負担率は，表面上の実効税率よりはるかに低い平均で10％台になっていることが指摘されている[(1)]。

所得税のフラット化も進んだ。所得税率は，1986年まで15段階，最高税率70％（個人住民税とあわせて88％）であったが，現在は，7段階で最高税率45％（個人住民税とあわせて55％）と累進性が大きく緩和されてきた。また，利子・配当，譲渡益などの金融所得を労働所得から分離し，20％の比例税率で課税する方式（分離課税）が導入され，富裕層ほど所得に占める金融所得の割合が高いため，所得税の（平均）税率は，所得1億円でピークを打ち，それ以上の所得階層では所得が高くなるほど税負担率が下がるという逆進的な構造が生まれている（いわゆる「1億円の壁」）。

こうした所得税・法人税の減税が，日本も含めて各国で税収減をまねき，財政悪化の原因となった。各国は，それによって不足する税収を，海外に逃げていくことのない個人の労働所得や消費への課税強化によって賄おうとし，日本の場合も，消費税（付加価値税）への税収依存度が高まっていった。大企業・多国籍企業や富裕層の租税回避により，本来支払われるべき法人税や所得税などが支払われず，財政が悪化し，そのつけを，消費税の増税や社会保険料の引き上げという形で担わされるのでは，多くの国民は納得がいかないはずだ。

---

(1)　詳しくは，富岡幸雄『消費税が国を滅ぼす』（文春新書，2019年）123-127頁参照。

⑵　税制改革と財源確保の方向性

一方，2020年からの新型コロナ・パンデミックに対応した各国での巨額の財政出動とそれに伴う財政悪化は，税収確保の観点から，多国籍企業や富裕層の税逃れの規制の強化と税制の国際ルールを定める国際的合意の動きを加速した。OECD（経済開発協力機構）を中心に検討が進み，2021年10月には，デジタル課税の導入など多国籍企業への課税強化，法人税の最低課税率（15%，その後21%）の導入などについて，140の国・地域からなる国際的同意がなされた。

また，コロナ禍による経済危機を打開し，物価高に対処するため，ドイツやイギリスをはじめ100カ国以上の国が，付加価値税（日本の消費税に該当）の減税に踏み切っている。しかし，日本政府は，消費税は社会保障の安定財源であり，財源確保のために必要との従来からの主張を繰り返し，消費税減税に踏み込もうともせず，こうした世界的な流れに背を向け続けている。結果として，消費や経済のコロナ禍からの回復も遅れている。

財政再建や社会保障の財源は，コロナ禍のもとでも大きな利益を上げ続けてきた大企業や富裕層への課税強化・増税で賄うべきという国際的な合意ができつつある。だとすれば，少子化対策を含めた社会保障の財源確保の方向性は明らかであろう。消費税を増税することなく（むしろ減税し），現在の不公平税制を是正し所得税や法人税の累進性を強化することで財源を確保するという方向である。

所得税については，最高税率の水準を1986年水準にまで戻せば，相当の税収増になるはずである。同時に，分離課税となっている金融所得を合算し総合課税とすべきである。総合課税化には，所得の捕捉のための諸般の措置が必要で時間がかかると考えられるが，当面，金融所得に対する低い税率（約20%）を大幅に引き上げるべきだろう。

法人税については，基本税率を30%に戻し，租税特別措置の廃止もしくは縮小による法人税の課税ベースの拡大が必要である。さらに，法人税率を，所得税並みの累進税率（所得が増えると税率も増える方式）に変更すれば，かなりの増収が見込める。この場合，中小企業は現行よりも低い税率で課税されることになるから減税になる。

各国が法人税の引き下げ競争をやめて増税にシフトし，多国籍企業や富裕層に対する課税強化の国際的協力が進みはじめている今こそ，日本でも，社会保障の歳出削減ではなく，応能負担原則に基づいた税制改革，それによる財源確保の方向に政策転換すべきである。

2 社会保険改革の方向性

(1) 社会保険料の負担軽減と減免範囲の拡大

社会保険制度については，低所得者に過重な負担となっている保険料の負担軽減が課題となる。

所得・収入がなくても賦課される国民健康保険料・介護保険料・後期高齢者医療保険料については，収入のない人や住民税非課税世帯の保険料は免除とすべきである。当面は，現在の国民健康保険料・介護保険料の2割・5割・7割の法定軽減[(2)]を8割・9割軽減にまで拡大していくべきだろう。また，被用者保険である健康保険や厚生年金の保険料は，その年度初めの3カ月の固定的賃金（諸手当を含む）に応じて算定され，4月から7月までで降給した場合には，減額改定もされることを考えれば，国民健康保険料の算定基準も，前年度の所得から3年間の平均収入にならすなどの改善が必要である。

ついで，他の国に比べて社会保険料負担に占める割合が低い事業主負担と公費負担を増大させるべきである。国民健康保険については，現在の国庫負担は保険給付費に対し，定率40%となっているが，1984年までは，患者負担を含む医療費全体に対し定率40%であった。地方単独の福祉医療制度を実施した場合，国の補助率が削減されるので，医療費に対する国庫負担は，現在では30%程度とみられ，1984年から国庫負担は額にして約1兆円が削減されたとの指摘がある[(3)]。国民健康保険への国庫負担をもとの医療費40%の水準に戻せば，約1兆円の公費増となり，国民健康保

---

(2) 国民健康保険料の応益負担分についての法定軽減の仕組みについて詳しくは，伊藤・医療37-38頁参照。

(3) 神田敏史・長友薫輝『新しい国保のしくみと財政――都道府県単位化で何が変わるか』（自治体研究社，2017年）85頁（神田執筆）参照。

険料を協会けんぽの平均保険料並みへ引き下げることが可能となる。将来的には，応益負担部分の廃止などの抜本改革が不可欠である。

被用者保険についても，前期高齢者の医療費調整制度，後期高齢者支援金に対して公費負担を導入し，協会けんぽの国庫補助率を健康保険法本則の上限20%にまで引き上げ（健保153条），協会けんぽ加入者の保険料を引き下げる必要がある。そのうえで，被用者保険の標準報酬の上限の引き上げ・段階区分の見直しを行い，相対的に負担が軽くなっている高所得者の負担を増やすべきである。

社会保障費の増大に対応して保険料率の引き上げを行う場合には，原則折半になっている労使の負担割合の見直しを同時に行う必要がある。中小企業には一定の補助を行うことを前提として，事業主負担と被保険者負担の比率を7対3程度とするなど，保険料の事業主負担部分を増やす方向で増収をはかるべきである。将来的には，その財源は，社会保険料の事業主負担を企業利益に応じた社会保障税として調達する方法が有効と考える。

なお，年金保険については，国民保険料の減免の範囲を拡大し，保険料免除の場合も満額支給とするなどの配慮が必要であろう。さらに，年金積立金の取り崩しによる給付水準の引き上げなどの方策が考えられる。そして，65歳以上の高齢者の貧困防止のための基礎所得部分の保障は，社会保険方式ではなく，最低保障年金として税方式で行うべきである[(4)]。

(2) 窓口負担の軽減，もしくは廃止

医療保険・介護保険については，保険料負担とともに，受診（サービス利用）時に定率の自己負担（応益負担）が存在し，この軽減が必要となる。

そもそも，医療保険の給付は，療養の給付（現物給付）を基本としていることから，医療保険の一部負担金を課す必然性はなく，政策的に設定されたものにすぎず，将来的には，廃止すべきであろう。当面は，国民健康保険の一部負担金の免除対象を住民税非課税世帯に拡大するなどの減免制度の拡充が必要と考える。国民健康保険法44条の一部負担金の減免等の

(4)　税方式による最低保障年金の構想については，伊藤・岐路に立つ166-167頁参照。

理由となる収入の減少は，一時的なものであるとしながら，国民健康保険の社会保障制度としての性質を考慮すれば，一部負担金の支払いが困難であったことや支払いが困難になった事情および経緯等，考慮すべき被保険者の個別的事情を考慮せずに一定期間の経過をもって，一部負担金の減免の申請を却下した処分は，裁量権の逸脱・濫用があるとして，取り消した裁判例があり（札幌高判 2018 年 8 月 22 日賃社 1721＝1722 号 95 頁），今後の運用の改善の手がかりとなりうる。

医療保険については，現在の国民健康保険，被用者保険の並列状態を維持しつつ，国民健康保険への公費投入を増やしていくべきと考える。そのうえで，70 歳以上の高齢者と高校生までの医療費の無料化を，国レベルで実現すべきである。そして，将来的には，政府を保険者とし，すべての国民を対象とする医療保険制度を構築し，収入のない人や住民税非課税の低所得者については保険料を免除し，10 割給付の医療保障（医療費の自己負担なし）を実現すべきと考える。

③ 課題と展望

(1) 児童福祉・保育の社会保険化，保育制度の介護保険化の意味するもの

政府の児童福祉・保育の法政策は，通園制度にとどまらず，現在は市町村の保育実施義務が維持されている保育所保育にも，同義務をなくし個人給付・直接契約方式を徹底したうえで（支援制度の導入の際に構想されていたように），財源として子育て支援金を導入する方向，つまり児童福祉・保育の社会保険化，保育制度の介護保険化を志向していると考えられる。

とくに児童手当の財源は，現在は被用者について事業主拠出金と公費負担（費用の 7/15 を事業主拠出金で負担し，残りは国・地方自治体が負担）となっているが，前述したように，2026 年度以降は，これに子育て支援金という社会保険料財源が加わることになる。児童手当を拠出金はともかく，社会保険料を財源に支給している国は存在せず（イギリス・スウェーデンは全額国庫負担），まさに世界でも特異な形での児童福祉・保育の社会保険化が進められようとしている。

そして，それがもたらすものは，これまで述べてきたように，分断と新たな保険料負担増であり，子どもの権利（とくに発達保障の権利）や保護者（とくに低所得者）の権利（費用負担についての免除権）の侵害にほかならない。子ども・保護者の権利保障の観点から，保育所方式による公的保育制度の再構築こそが求められる（第6章6参照）。

(2) 障害児保育と療育の課題

一方，障害児の療育については，保育制度に先駆けて，前述のように，2010年の児童福祉法改正により，個人給付・直接契約方式の徹底が図られた（第1章5参照）。すなわち，市町村の実施義務は廃止され，保護者と施設・事業者との直接契約となり，個々の子どもの実態に応じて決定される1カ月単位の支給量の範囲内で，保護者は利用する施設・事業所と利用回数を選択する仕組みとなっている。同時に，利用に応じた出来高払い制度（報酬日額制度）が導入され，事業所の経営はきわめて不安定となった。

私見では，障害児の療育も，市町村が実施義務をもつ保育所保育と同じ仕組みに転換すべきと考える。また，子どもの権利条約の23条では，障害を持つ子どもの特別なニーズを認め，可能なかぎり（日本のような先進国では可能と解されている），その援助の無償化を規定しており，障害児の療育は無償とすべきであろう（第5章4参照）。

市町村の保育実施義務が維持されている障害児保育についてみると，2021年度の保育所における障害児の受入れ状況は，受入れ施設数は2万1143か所と10年前の1.5倍，受入れ数は8万6407人と，同1.8倍と急増している。保育所の88.5%が障害児を受け入れているが，一施設あたりの受け入れ数は公立5.4人，私立3.4人となっており，公立が多く，公私の格差が大きいのが課題である。障害児担当職員は増加しているとはいえ，受入れ障害児数の増加に追いついておらず，早急な増員と財政支援が必要である。

また，障害児保育の公定価格（施設型給付費）には国負担がなく，一般財源化されたままである。まずは一般財源化された障害児保育を（公立保育所運営費・建設費も）国庫補助金制度に戻し，障害児の保育所受入れとともに，公立保育所の増設も進めていくべきと考える。

(3) 今後の課題

この間，保育士の増員と処遇改善を求める声が全国各地から上がり，愛知県内で，2022年に結成された「子どもたちにもう1人保育士を！実行委員会」は，アンケートを通じて保育士や保護者の要望を可視化し，マスコミや国会議員の働きかけを中心に保育士配置基準の改善を求める運動を展開，多くの保育関係者の共感を呼び全国的な運動に拡大した。そして，先の「こども未来戦略」に，保育所の「設備と運営の基準」（厚生労働省令。国の最低基準）の改正が盛り込まれるに至ったことは前述したとおりである（ただし，経過措置あり。第4章6参照）。

私見では，当面は，保育の必要性の認定にかかる支給要件（利用要件）を，保護者の事由だけでなく，子どもの事由（たとえば，子どもに障害があり集団保育が必要な場合など）に拡大し，将来的には，市町村の保育実施義務を前提としつつ，1歳以上のすべての子どもについて，保護者の就労等に関わりなく（年齢のみを要件とし），保育利用の権利を認め，希望する子どもすべてが保育を受けることができるだけの保育施設を国・自治体の責任で整備していくべきと考える。その場合，1歳から小学校就学前までの子どもに対する保育提供は，現在の就学児に対する義務教育の提供と同じ無償の現物給付とすべきである（保育料の全面無償化）。

そして，これらに必要な財源は，逆進性の強い消費税や社会保険料ではなく，所得税や法人税の累進性を強化して確保すべきと考える。そして，その財源を保育士配置基準・面積基準など保育基準の改善と保育士等の処遇改善に優先的に振り分けるべきである。とくに保育士の処遇改善については，少なくとも，全産業の平均賃金との格差を埋めるだけの水準，月8万円の賃上げを可能にする公定価格の大幅引き上げが必要である。

必要な財源の確保策を提示し，確実な財政保障と保育基準の改善により，市町村の保育実施義務を維持した公的責任による保育制度（それこそが，子どもと保護者の権利を保障し，子どもを安心して育てることのできる制度と考える）の確立を求める保育運動がいま必要とされている。

補論　育休退園と子ども・保護者の権利

第3章でみたように，保育の必要性の認定に当たって，保護者が育児休業を取得した場合には，上の子の保育についても引き続き保育所等の施設を利用することが必要であると市町村が認めた場合は，利用の継続が可能であるが，認めない場合には，保育の実施の解除（退園）もありうる。本章では，埼玉県所沢市において実施されていた保護者の育児休業の取得を理由にした保育所利用の子どもの保育の実施の解除（以下「育休退園」という）をめぐる3つの執行停止の事例を考察し，子ども・保護者の権利の観点から育休退園の課題を探る[(1)]。

1 育休退園の様相と3つの執行停止決定

所沢市では，育児休業を取得した保護者に保育所の在園児（上の子）がいる場合は，従来は，利用継続申請書を提出すれば，年齢に関係なく，保育所の利用を認めていた。しかし，子ども・子育て支援法が施行された2015年4月以降，保護者が育児休業を取得すると，在園児が年度初日の前日において3〜5歳である場合などを除き（所沢市保育の必要性の認定等に関する規則3条2項1〜5号。以下「本件規則」という），保護者の出産日の翌々月末に退園とする育休退園制度の運用を開始した。

育休退園制度の告知が具体的になされたのは，2015年2月下旬であり，しかも，該当する妊婦に，子どもが在園する保育所長（園長）から口頭で

(1)　筆者は，この3件の取消訴訟と執行停止の申立てについて，いずれも，さいたま地裁に意見書を提出した。本章は，意見書の内容と3つの執行停止決定，さらに近年の状況を踏まえ，伊藤周平「育休退園と子どもの保育を受ける権利──所沢市育休退園処分の執行停止決定を事例として」田村ほか47頁以下を加筆・修正したものであり，本論の参考に補論として掲載する。

説明があったに過ぎない。あまりに急な制度の変更に，保護者は撤回の要望書などを所沢市に提出したものの，市の側からは「ご理解ください」の一点張りの回答しか得られなかった。その後，所沢市は，保護者から相談を受けた弁護士との面談を経て，同年6月，本件規則を改正し，3条2項に6号として「前各号に掲げる者のほか，在園児の家庭における保育環境等を考慮し，引き続き保育所等を利用することが必要と認められる場合」を追加した。

2015年6月25日，所沢市内在住の保護者11人が，さいたま地方裁判所に，育児休業を取得したことを理由にした退園処分の差止めの訴え（行訴3条7項，37条の4）を提起し，仮の差止め（行訴37条の5第2項）を申立てた。しかし，同年7月27日，同地裁は，先の差止訴訟を提訴した原告2名の子どもの保育継続が認められたことなどもあり，仮の差止めの申立てを却下した。所沢市も，育休退園制度は，保育所待機児童との公平性を保つためであるなどとし，育休退園制度を撤回することはなかった。

一方，2015年6月に，第2子を出産し育児休業を取得した保護者が，保育所在園の第1子（3歳。当時は2歳児クラス）の利用継続を所沢市長に申請したが，利用継続不可となり，同年8月末に，その子は通っていた保育所から退園となった。その保護者が原告となり，同年8月31日，市長の行った利用継続不可決定の取消訴訟と執行停止を求める申立てをした。さらに，同年9月1日に，市福祉事務所長名で保育の利用の解除（正確には「保育の実施の解除」）がなされ，9月2日付で「利用解除通知書」をもって通知されたことを受け，同月11日，解除処分の取消訴訟（行訴3条2項）を併合提起し，執行停止（行訴25条2項）を申立てた。そして，同月29日，さいたま地裁は，保護者の申立てを認め，利用継続不可決定と利用解除処分の執行停止を決定した（以下「第1の執行停止決定」という）。市は，同年10月8日に，即時抗告をしないことを明らかにし，9月1日から退園となっていた原告の子どもは，再び10月1日から保育所に通うことができた。

その後，保育所の利用継続の申請をしたが，利用継続不可となり，2015年10月末に在園児が退園予定となった2人の保護者（先の差止訴訟の原告でもある）が，同年10月23日に，さいたま地裁に，仮の差止めを申立てた。しかし，同月30日，裁判所は，仮の差止めの申立てを却下し，保護者の子ども2人は，10月末で保育所を退園になった。そこで，当該保護者が，利用継続不可決定と利用解除処分の取消しの訴えと執行停止を申立てた（以下，これらの事案を「本件」，これらの処分を総称して「本件解除処分」という）。そして，さいたま地裁は，2015年12月18日，保護者の申立てを認め，本件解除処分の執行停止を決定した（以下「本件決定」という）。3件続けて保育所退園処分の執行停止が認められた事例は過去に例がなく，注目すべき事例として，以下，検討していく。

2 取消訴訟と執行停止の構造

(1) 取消訴訟と執行停止の要件

行政事件訴訟法では，処分の取消訴訟が提起されても，「処分の効力，処分の執行又は手続きの続行を妨げない」（行訴25条1項）とされ，執行不停止の原則がとられている。こうした事態に対応するため，仮の救済の制度として，行政事件訴訟法は，裁判所の決定による執行停止の手法を採用した[(2)]。すなわち，処分の取消訴訟が提起された場合，「処分，処分の執行又は手続の続行により生ずる重大な損害を避けるため緊急の必要があるときは，裁判所は，申立てにより，決定をもつて，処分の効力，処分の執行又は手続の続行の全部又は一部の停止をすることができる」（行訴25条2項）とされている。

同条項によれば，執行停止が認められるための積極要件は，①本案が適法に継続していること，②処分の執行または手続の続行により生ずる重大な損害を避けるため緊急の必要があること（行訴25条2項本文）である。2004年の行政事件訴訟法の改正で，従来の「回復の困難な損害」が「重大な損害」に変更され，損害の性質や程度なども勘案することとされた（行訴25条3項）。積極要件は，申立人の側が疎明する。これに対して，消極要件は，③公共の福祉に重大な影響を及ぼすおそれがあること，④本案

(2)　塩野・行政法Ⅱ 215頁参照。

について理由がないとみえるとき（行訴25条4項）で，相手方（処分を行った行政庁。本件では所沢市）が疎明する。

⑵ 本件へのあてはめ

これを本件にあてはめると，①の本案とは本件解除処分の取消訴訟のことであり，これは適法に提訴され継続している。

ついで，②については，さいたま地裁は，本件決定において「幼児期は人格の基礎を形成する時期であるから，幼児期にどのような環境の下でどのような生活を送るかは，児童の人格形成にとって重要な意味を有する……児童は，保育所等で保育を受けることによって，集団生活のルール等を学ぶとともに，保育士や他の児童等との人間関係を結ぶこととなるのであって，これによって，児童の人格形成に重大な影響があることは明らかである。」としたうえで，保育所で保育を受けていた申立人の子どもが「本件保育所で継続的に保育を受ける機会を喪失することになる損害」は，子どもやその親権者である申立人にとって「看過し得ないものとみる余地が十分にある」とし，これらの損害は「事後的な金銭賠償等によって塡補されるものではあり得ない」から，本件各処分により生じる「重大な損害を避けるため緊急の必要があるというべき」とした。保育所での保育やそこで形成される人間関係が，幼児期の子どもの人格形成に重大な影響をあたえること，保育所で継続的に保育を受ける機会の喪失が，事後的な金銭賠償などで償えない「重大な損害」に当たることを，裁判所が認めたのである。

障害のある子どもに対する保育所入所の不承諾処分が争われた事案について，不承諾処分によって，保育所に入所して保育を受ける機会を喪失するという損害は，その性質上，原状回復ないし金銭賠償による塡補が不能な損害であり，現に保育所に入所することができない状態に置かれているのであるから，損害の発生が切迫しており，社会通念上，これを避けなければならない緊急の必要性もあるなどとして，入所を承諾することを求める仮の義務付けの申立てを認容した例がある（東京地決2006年1月25日。本案の東京地判2006年10月25日判時1956号62頁も不承諾処分を取り消した)。仮の義務付けが認められる要件は，執行停止の要件よりもハードルが高い「償うことができない損害を避けるため緊急の必要」がある場合（行訴37条の5第1項）だから，幼児期における保育所での保育の機会の損失が「重大な損害」に当たることは，裁判所も認めているといえる。

③については，退園処分（本件解除処分）が執行停止となり，子どもが保育園に通えることとなったとしても，公共の福祉に重大な影響を及ぼすおそれはなく，争点にはならなかった。争点になったのは，④の本案について理由がないとみえるか，つまり，本件各処分が違法となる余地があるか否かである。この点についても，裁判所は，申立人の側の主張をほぼ認め，本件各処分が「違法とみる余地がある」とした。執行停止決定はあくまでも仮の救済であり，処分の違法性は本案での判決により確定されるため，「余地がある」との表現が使われている。

③ 本件解除処分の法的性格と行政手続法が定める聴聞手続

(1) 本件解除処分の法的性格

保護者の育児休業の取得を理由とする上の子の保育所からの退園処分（本件解除処分）は，当該子どもの保育の必要性が消滅したことによる「保育の実施の解除」に該当する(3)。

2012年改正前の児童福祉法33条の4では，児童福祉法24条1項にもとづく保育の実施を解除する場合には，あらかじめ保護者に対して，保育の実施の解除の理由について説明するとともに，その意見を聴かなければならないとしたうえで，33条の5において，行政手続法の第3章（12条，14条は除く）の規定は適用しないとしていた。これに対して，2012年改正後の児童福祉法では，33条の4と33条の5の規定にあった「保育の実施の解除」の文言が削除された。この結果，保育の実施を解除については，

(3)　本件では，原告も含め当事者，裁判所も「保育の利用の解除」という表現を用いているが，子ども・子育て支援新制度のもとでも，保育所利用の子どもへの市町村の保育実施義務が維持されており（第2章3参照），単なる利用契約の解除ではなく，市町村の保育実施義務を解除する行政処分と解するのが妥当である。そのため，ここでは，「保育の実施の解除」の言葉で統一する。

原則に戻って，行政手続法が適用される（つまり「不利益処分」として，行政手続法第3章以下に規定する聴聞等の手続きを必要とする）こととなった。

「保育の実施の解除」の法的性質は，市町村が，児童福祉法24条1項に規定する市町村の保育所保育の実施義務が消滅したこと（当該子どもの保育の必要性がなくなったこと）を理由として保育の実施を解除するもので，当該保育所での子どもの保育を受ける権利（地位）を剥奪するわけだから，行政手続法上の「不利益処分」（行手2条4号），具体的には「名あて人の資格又は地位を直接にはく奪する不利益処分」（同13条1項1号ロ）に該当する。直接の名あて人は，保護者になっているが，子どもの保育を受ける権利は，保護者の保育を受けさせる権利と表裏一体のものであるから，このように解しても問題はない。

行政解釈でも，厚生省（当時）の関係局長による1994年9月30日付の通知「福祉の措置の解除に係る説明等に関する省令の施行について」において，保育の実施の解除は「行政手続法……に規定する不利益処分に該当する」と解している。判例も，保育の実施の解除は行政手続法にいう不利益処分に当たるとし（横浜地判2006年5月22日判例自治284号64頁），学説上も，不利益処分と解するのが通説である[4]。

(2) 行政手続法が定める聴聞手続と当事者の手続的権利

行政手続法は，この不利益処分につき，行政庁に対して意見陳述のための手続を義務づけている（13条1項）。意見陳述手続が法定化された趣旨は，当該処分の名あて人となるべき者の防御権の保障という観点から，手続の公正を確保するためである[5]。

意見陳述手続は，聴聞手続と弁明手続に分けられるが，「名あて人の資格又は地位を直接に剥奪する不利益処分」については，処分行政庁（本件では所沢市）は，聴聞手続をとらなければならない（行手13条1項1号ロ）。

---

(4) たとえば，桑原ほか217頁（田村和之執筆）参照。磯谷ほか415頁（藤田香織／横田光平執筆）も参照。

(5) 高木光・常岡孝好・須田守『条解・行政手続法〔第2版〕』（弘文堂，2017年）225頁（高木光執筆）参照。

同条項1号イ，ロに規定する処分は，不利益処分のうちでも，行政庁の一方的な意思表示によって，許認可等により形成された一定の法律関係を直接に消滅させる処分であり，また相手方の権利利益に及ぼす影響も大きいことから，弁明手続よりも厳格な聴聞手続が必要な処分とされているのである[(6)]。

本件解除処分は，前述のように，所沢市による保育所入所承諾によって形成された保育所の利用という法律関係を直接に消滅させるものであり，退園となる子どもとその親権者たる原告の権利利益に大きな影響を与えることは明らかであるから，聴聞手続を要する不利益処分に該当する。このことは，さいたま地裁も，先の執行停止決定において「本件保育所で継続的に保育を受ける機会を喪失することになる損害は……看過し得ないものとみる余地が十分にあ（り）……事後的な金銭賠償等によって塡補されるものではあり得ない」としたうえで，「保育の実施（利用）の解除につき，行政手続法の適用があり，所沢市福祉事務所長は，保育の利用を解除する場合には，同法13条1項の聴聞手続を執る必要があると解することができる。」と認めている。

行政手続法は，聴聞手続について，聴聞通知の方式（15条），代理人制度（16条），参加人制度（17条），文書等の閲覧（18条），聴聞の主宰（19条），聴聞の期日における審理方法（20条）など詳細な規定を置いている。

これらは法定聴聞といわれ，前述のように，不利益処分を受ける側の防御権を保障する趣旨で設けられたものといえる。その意味で，不利益処分の名あて人など当事者には，行政手続法上，こうした行政庁の義務に対応し，告知・聴聞を受ける権利や文書閲覧請求権などの手続的権利が認められると解される[(7)]。学説では，行政手続法の制定により，①告知・聴聞，②理由の提示，③文書閲覧，④審査基準の設定・公表のいわゆる「適正手続4原則」が，明確に行政庁の行為義務として定められたことから，私人には，行政庁がこの行為義務に従って行動することを求める手続上の権利

(6)　行政管理研究センター『逐条解説・行政手続法〔改正行審法対応版〕』（ぎょうせい，2023年）166頁参照。

(7)　塩野・行政法Ⅰ 327頁参照。

が付与され，その権利侵害は，処分の違法事由として，抗告訴訟において主張ができるとする見解が有力である[8]。

4 本件解除処分の手続的違法性

(1) 聴聞手続を経ずになされた本件解除処分の違法性

以上のように，行政手続法の制定により，私人の側に手続的権利が付与されたとすると，法定の聴聞手続を経ないでなされた不利益処分は，行政手続法15条2項に定める事情がない限り，違法となる。そして，本件解除処分は，同条項に定める「公益上，緊急に不利益処分をする必要があるため，前項に規定する意見陳述のための手続きを執ることができないとき」(同条2項1号）には該当せず，聴聞手続が義務づけられる不利益処分である。さいたま地裁も，第1の執行停止決定において「所沢市福祉事務所長が，保育の利用を解除するにあたって，聴聞手続を執らない場合には，違法とみる余地がある」としている。

ところが，さいたま地裁は，先の保護者による仮の差止め申立てについては「市の保育の利用継続不可決定に引き続いてされる解除処分については，それにあたって聴聞手続が執られなかったとしても，実質的にみて，保護者の防御権を行使する機会が奪われてはおらず，解除処分について手続の公正を害する程度の違法があるとまではいえない場合もあり得る」として，申立てを却下した。裁判所の判断に動揺がみられるが，後者の仮差止め却下決定を文言どおりとれば，不利益処分を行うにあたって，行政手続法の定める法定聴聞を経ずとも，実質的な聴聞手続（防御権を行使する機会の付与）があれば，違法とはいえない場合があることとなる。しかし，こうした解釈は，行政手続法の趣旨に反し，不利益処分の当事者の法定聴聞を受ける手続的権利を無視したもので，妥当とはいえない。実質的な聴聞手続がなされたので，行政手続法上の聴聞手続を経ていない不利益処分を違法でないと認定した裁判例も，そのように解する学説も知りうる限りでは見当たらない。

---

(8) 塩野・行政法Ⅰ 348頁参照。

裁判所の判断に動揺がみられたのは，本件解除処分について，聴聞手続が履行されておらず違法の余地があると認めつつも，所沢市による保育所の利用継続審査（保育の必要性の認定）の過程で，聴き取り調査がなされ，それを踏まえて，利用継続の不可決定がなされているため，本件解除処分に際して，聴聞手続が執られたとしても結果に影響を及ぼさない，つまり，聴聞手続の瑕疵は違法ではあるが，利用継続の不可決定という結果に影響を及ぼさないので取消事由には当たらないのではないかとの判断に，裁判所が（少なくとも，仮の差止申立ての却下決定の段階では）傾いていたからと考えられる。

(2) 聴聞手続の違法性と取消事由

行政処分が実体的規範に違反して行われたときには，当該処分は違法となり，かかる違法事由は当然に取消事由（原因）ないし無効事由（原因）となるが，処分に手続違法がある場合には，その違法事由が当然に取消事由（原因）となるかについては争いがある。行政手続法の制定以前にも，聴聞手続の違法性については，処分の実体的違法性とは独立に取消事由になるとした裁判例（大阪地判1980年3月19日行裁31巻3号483頁）があったが，最高裁判所は，聴聞手続の瑕疵が，結果に影響を及ぼす可能性がある場合にのみ，処分の違法性をもたらす（取消事由に該当する）としてきた（最判1971年10月28日民集25巻7号1037頁，最判1975年5月29日民集29巻5号662頁）。

しかし，行政手続法制定後の事件には，これらの最高裁判決の射程は及ばないと解すべきであり，それが学説でも通説といえる。そもそも，実体さえ誤っていなければよいということであれば，手続上の規制の意味がない。また，前述のように，適正手続4原則が明確に行政庁の作為義務として定められたことから，私人の側には，法定された行政手続により行政処分を受ける権利（手続的権利）があり，行政庁がその義務を果たさないことは，手続的権利の侵害となる。裁判例でも，端的に，行政手続を定めた法令の趣旨に反する手続の瑕疵は処分の取消事由になると判断してきた事例が多い。最高裁も，行政手続法14条に関する理由提示の程度について判断した判決（最判2011年6月7日民集65巻4号2081頁）において，不利益処分（免許取消）の理由提示に際し，処分基準の適用関係が示されていないことから，行政手続法14条1項本文の趣旨に反するとし当該処分を違法としている(9)。

本件解除処分は，前述のように，保護者や子どもの権利利益に及ぼす影響がとくに大きく，弁明手続よりも厳格な聴聞手続が要求される不利益処分である。しかも，所沢市は，本件解除処分は不利益処分に該当しないとして，聴聞手続を執る必要はないことを明言し，実際に聴聞手続を執っていないのであるから，「行政運営における公正の確保」（行手1条1項）の観点からも，本件解除処分を取り消し，市に再考を促し，公正な行政運営を確保する必要がある。いずれにせよ，聴聞手続を経ずになされた本件解除処分の違法性は，処分の取消事由を構成すると解すべきである。

(3) 実質的な防御権を行使する機会は付与されていたか

また，利用継続決定の審査から本件解除処分に至る行政過程において，実質的にみても，先に，さいたま地裁が述べているような「防御権を行使する機会」が原告側に付与されていたとはいいがたい。

所沢市の育休退園制度では，育児休業を取得した保護者から利用継続の申請が市長に対してなされた場合（本件規則10条1項），市の職員が，当該保護者から，個別に聞取り調査を行い，その聞取り調査の結果と調査を行った担当者の報告をもとに，保育の必要性の認定にかかる諮問機関で審査，判定し，最終的に，市長が利用継続の可否（保育の必要性の認定）を決定するとの運用がとられていた（同10条2項）。そして，その決定は，本件規則3条2項6号に該当する場合には「在園児の家庭における保育環境等」を考慮して判断するとされている。このような当事者の個別具体的な事情（保育環境等）を考慮する場合には（それが，保育の実施の解除という重大な不利益処分につながる場合にはなおさら），家庭における生活実態や

---

(9) 本件解除処分は理由提示についても行政手続法14条1項違反の余地がある。詳しくは，伊藤周平「『育休退園』と子どもの権利保障――所沢市育休退園処分取消訴訟の執行停止決定を受けて」賃金と社会保障1648号（2015年）47頁以下参照。

保育環境，子どもの発育状態などの詳細な聞取り調査が必要とされることはいうまでもない。しかし，本件についてみると，訴状および執行停止申立書にあるように，原告に対し，そうした詳細な聞取り調査がなされたとはいえない。そもそも，この聞取り調査は，市の側が「在園児の家庭における保育環境等」を調査するもので，相当な期間を置いてなされる正式の聴聞手続とは明らかに異なる。

行政手続法の定める聴聞手続は，聴聞期日において行政庁の職員と当事者（または参加人）が事実をめぐり証拠，反証拠を提出し，それにもとづいて聴聞主催者が事実関係において判定するという点で，不利益処分の名あて人による単なる意見の陳述とは区別される。したがって，行政庁が聴聞調書および主催者の意見を参酌して（処分を）決定する（行手26条）というのは，単に参考に供するというのではなく，調書に掲げられていない事実にもとづいて判断することのできないことはもとよりのこと，当事者が記録閲覧請求の機会を行使する余裕のなかった調査資料にもとづいて処分をすることも許されないものと解されている(10)。また，聴聞期日後に新たな証拠が収集されたような場合（たとえば，新たに医師の診断書が提出されたような場合）には，聴聞再開事由となる（同法25条)。証拠提出の機会もなく，聴聞調書も作成されず，わずかな時間でなされた聞取り調査をもって，「防御権を行使する機会が奪われて」いないとは，とうていえないであろう。

また，かりに「手続をやり直したときに，処分内容に影響を及ぼす可能性がある場合に（限り）手続の瑕疵は処分の取消事由になる」という先の伝統的見解に立ったとしても，本件解除処分における聴聞手続の欠如という瑕疵（違法性）は，取消事由を構成すると考える。本件規則では，市長による利用継続の不可決定がなされた段階で，在園児が自主退園をしなかった場合には，市福祉事務所長は，正当な理由があるものものとして，保育の利用を解除するとされているが（17条3項)，本件解除処分がなされる前に，聴聞手続が行われていれば，市による事実認定の誤りなど，本

(10)　塩野・行政法Ⅰ 330頁参照。

件不可決定の違法性が判明し，その結果，福祉事務所長が本件解除処分をしないという判断した可能性が極めて高い。

さいたま地裁も，本件決定において「本件解除処分に当たっては聴聞手続が執られていないことが認められるばかりか……本件各処分に当たって，……（子どもの）保育の必要性に関する諸事情について，十分な情報収集がなされ，それに基づく適切な評価がなされたかについては疑問があることなどからすれば，本件解除処分については，実質的にみて，申立人の防御権を行使する機会が奪われており，その手続の公正を害する程度の違法があるとみる余地もないとはいえない。」とした。

⑤ 本件解除処分の実体的違法性

本件解除処分の実体的違法性については，そもそも，退園させられる子どもへの影響を考慮しておらず，子ども・子育て支援法のみならず児童福祉法や子どもの権利条約の規定に反することを強調しておきたい。

退園させられる子どもの立場に立って考えてみれば，弟や妹が生まれるという情緒不安定になる時期に，慣れ親しんだ保育所から，理由も理解できないまま突然退園させられるのである。その衝撃や混乱は，子どもの人格形成や成長発達に悪影響を及ぼすことは不可避である。実際に，退園となった子どもたちは，夜泣きがひどくなったり，オムツが取れていたのにトイレに行かなくなり，おもらしが激しくなったりと，生活のリズムが崩れ，親の側も，過重な育児負担で健康を害する人も出るなど，親子とも不安とストレスにさらされた実態が明らかにされている[11]。

また，たとえば，育児休業を取得した保護者に，3~5歳児クラスに上の子がいて，2歳児クラスに下の子どもがいる場合，3~5歳児クラスの兄や姉は保育が継続されるのに，2歳児クラスの子どもだけが退園させられる。このような差別的扱いは，退園させられる子どもには，とうてい納得も理解もできないだろう（現実に，本件では，ひとりの原告の子どものうち

(11) 詳しい実態については，山根純佳・開田ゆき編『育休退園をめぐる親と子の葛藤と生活――所沢市の育休退園制度を考える』(2017年) インタビュー編参照。

同じ保育所に通う上の子は退園とならず，下の子だけが退園となった)。3 歳以上の子どもたちには，保育所の継続利用が認められ，集団の中で成長し，保育を受ける権利が保障されるのに，2 歳以下の子どもには，それが保障されない根拠もみいだせない。3 歳児以下は原則退園という区分には全く合理性がない。

所沢市は，そうした子どもや親の状況・健康状態を考慮することなく，法定の聴聞手続もせず，退園処分を行い，子どもの保育を受ける資格を剥奪し，その保育利用の権利，人格権，発達保障の権利を侵害した。本件解除処分は「子どもの最善の利益」(子どもの権利条約 3 条) を考慮せず，児童福祉法，さらには子どもの権利条約に反し違法である。子どもにとっては，保育所で友達や保育士と過ごす時間はかけがいのない時間であり，その時間が，ある日突然，断ち切られることの衝撃は，退園する子どもだけでなく，その友達にとっても耐えがたいものであろう。しかも，それが違法な行政処分がもたらしたものだとしたら，これは自治体による子どもの権利 (保育利用の権利のみならず人格権や発達保障の権利も含む) の侵害というほかないだろう。

なお，子どもの権利条約の 12 条は，自己の見解をまとめる力のある子どもの意見表明権を保障している。法制度上は規定がないが，同条約の趣旨からすれば，本件解除処分を行うに際して，退園させられる子どもに(本件では，2 人の子どもともに，すでに 2 歳に達していたことから，「自己の見解をまとめる力」はあると考えられる)，意見表明の機会，少なくとも，退園についての意見を聴く機会を与えるべきであったと考える(12)。ちなみに，児童福祉法では，同法 27 条の措置 (児童養護施設への入所措置など) をとるに際しては，児童とその保護者の意向を確認することが前提とされている (児福 26 条 2 項，児童福祉法施行令 32 条 1 項)。その趣旨は，子どもの権利条約 12 条にいう子どもの意見表明権を具体化したものと解されている (第 3 章 5 参照)。立法論的には，保育の実施の解除に際しても，同様

(12)　山根・開田・前掲注(11)10 頁も，少なくとも，言葉が話せる月齢の子どもに対しては，保育継続の可否にあたり，退園等についての意見を聞取るべきとしている。

の手続きを法定化すべきと考える。

⑥ 子ども・保護者の権利からみた育休退園の課題

(1) 所沢市の育休退園その後

1でみたように，所沢市は，従来は，継続申請は提出させるが，保護者が育児休業を取得したときも，保育所に在園中の子どもは，保育所入所要件に該当するとして，保育所の継続入所（利用）を認めてきたが，これは厚生労働省の通知などを踏まえたものであった。ところが，子ども・子育て支援新制度の実施に伴い，法令に育児休業に関する規定が設けられたことを根拠に，突如，親が育児休業を取得したときは，本件規則3条2項1～6号に該当しないかぎり，保育の必要性が消滅すると解し，育休退園制度の運用を開始した。

ちなみに，本件訴訟が争われていた2015年時点で，「保育園を考える親の会」（普光院亜紀代表）が公表した調査結果によると（2015年10月発表），首都圏や政令市など100市区のうち，母親が出産して育児休業をとると保育所に通っている上の子が退園となる「育休退園」制度を採用していた自治体は，2015年4月時点で5市と前年より2市減っていた。前年に引き続き，制度があると回答したのは，神奈川県平塚市，静岡市，熊本市で，これに所沢市が新たに加わった形だ。そして，本件訴訟の影響もあると思われるが，静岡市，鹿児島市は，育休退園制度を2016年度から廃止した。育休退園制度のない，もしくは廃止する自治体が多数となる中，所沢市の育休退園制度の維持は逆行といってよかった。

本件では，所沢市の唐突な育休退園制度の実施と保護者の意見を聴こうとしない市当局の姿勢に，保護者の側は最後の手段として，提訴に踏み切った。最終的には，本件訴訟は，提訴した保護者の育児休業期間が終了し職場復帰し，退園処分の執行停止により保育所に戻れた子どもたちが，そのまま継続して保育所利用が可能となったため，本案の判決を待たずに，随時提訴が取り下げられ終結した。

しかし，所沢市は，先の執行停止決定で，裁判所が退園処分の違法性の余地を指摘していたにもかかわらず，「（決定で）制度の違法性が判断されたわけではない」とし，聴聞手続を経ない育休退園処分を次々と断行し，2015年度だけで，退園対象者161人のうち115人が退園となった（46人は継続利用が認められた）。市当局には，子どもの保育利用の権利や適正な行政手続に関する理解が欠けているというほかなかった。

所沢市は，提訴や批判を受けて，育休退園した子どもの保護者が仕事復帰する場合には，退園した上の子にも下の子にも100点を加算する制度を導入した（2015年6月より）。保育の必要性が高いひとり親世帯などへの加点が当時55点であったから，保護者が仕事復帰した場合には，ほぼ確実に上の子と下の子が一緒の保育園に入れることとなる。そのため，保育利用の継続を希望せずに，自主的に子どもを育休退園させる保護者も増えたが，その結果，今度は，以前であれば高いポイントで保育所に入れた子どもが入れなくなり，待機児童が増大する事態を招いたという[(13)]。市の対応はその場しのぎの対応であり，明らかな失政といえる。

また，保護者の育児休業の取得を理由に，保育所を退園させられるのであれば，保育所に子どもが通っている家庭では，第2子以降の妊娠は躊躇するであろうし，実際に，所沢市では，2015年3月に通知を受け取って以来，退園対象となる保育所を利用する在園児がいる家庭で妊娠した例はみあたらなかったという[(14)]。何よりも，聴聞手続すら行わず退園処分を強行することは，子どもにとっては，保育利用の権利のみならず発達保障の権利の侵害に，保護者にとっては健康権さらに妊娠等の自己決定権の侵害に該当していたといえる。

その後，2023年10月に，所沢市長選挙が行われ，当選した小野塚新市長は，就任記者会見で，強制的な育休退園の廃止を表明，保護者や保育現場からは安堵の声が上がった。所沢市は，ホームページ上で，育児休業取得にともなう保育施設退園の運用廃止を明らかにするとともに，上の子の再入園と下の子の新規入園児の利用調整指数における加点の運用は，2024年度末の退園までは適用するとした。所沢市の統計によれば，前市長によ

---

(13)　山根・開田・前掲注(11)63頁参照。

(14)　開田ゆき「『子どもの保育を受ける権利』を奪う所沢市の『育休退園ルール』」賃金と社会保障1642号（2015年）23頁参照。

り2015年度から導入された育休退園制度のもと，廃止に至る8年半の間，育休退園した子どもは年間100人程度で推移していたという。自主的な退園もあったであろうが，強制的な育休退園制度により，多くの子どもや保護者の権利が侵害された事実は否定できない。

⑵ 執行停止制度の課題

以上の育休退園をめぐる裁判と現状を踏まえ，子ども・保護者の権利保障の観点から，いくつかの法的課題を指摘する。

まず，現行の執行停止制度の課題が指摘できる。前述のように，保育所退園処分の場合は，取消訴訟の提起とともに執行停止を申立てても，執行停止決定がなされるまで時間がかかるため，現行法の執行不停止原則（行訴25条1項）のもとでは，決定を待たず退園処分の執行がなされてしまい，一時的とはいえ，子どもが保育所からの退園させられることとなる。現行法上，一時的であれ保育所から退園させられることを防ぐには，利用継続の不可決定が出た段階で，退園処分の差止訴訟を提起し，仮の差止めを申立てるしかない。

実際，本件で原告は，子どもを保育所から退園させた場合の影響が大きいことを懸念し，仮の差止めを申立てた。しかし，前述のように，仮の差止めの申立ては却下され，2人の子どもは保育所から退園となり，本件執行停止決定が出るまで，1カ月半にわたり，保育所に通えなかった。その間の保護者の苦労は大きく，健康を損なう保護者も出た。

その意味で，執行不停止の原則を見直すか，少なくとも，本件のような保育所退園処分や外国人に対する退去強制処分については，一度執行がなされてしまえば，権利侵害の程度が大きく重大な損害が生じることを考慮し，執行不停止原則を適用しないなどの柔軟な制度に変えていく必要があろう[(15)]。

---

(15) 同様の指摘として，塩野・行政法Ⅱ 220頁参照。

⑶　保育の必要性の要件の見直し

前述のように，所沢市が育休退園の運用を開始したのは，支援制度の実施に伴い，子ども・子育て支援法および同法施行規則に育児休業に関する規定が設けられたことを契機とする。改めてこの規定をみてみると，子ども・子育て支援法19条1項では，保育の必要性のある子どもとは「保護者の労働又は疾病その他の内閣府令で定める事由により家庭において必要な保育を受けることが困難である」子どもとされ，子ども・子育て支援法施行規則（内閣府令）1条9号で，「育児休業をする場合であって，当該保護者の当該育児休業に係る子ども以外の小学校就学前子どもが特定教育・保育施設又は特定地域型保育事業……を利用しており，当該育児休業の間に特定教育・保育施設等を引き続き利用することが必要であると認められること」と規定されている（第3章1参照）。

この規定は，育児休業中でも，上の子どもが継続的に保育所等を利用することができる旨を明記したものと解されているが，そもそも，保護者は，育児休業を，保育所等を利用している上の子どものためではなく，下の子どものために取得しているのであって，保護者が育児休業中で就労せず家庭にいることをもって，上の子どもの保育の必要性が消滅すると解するのは合理的とはいえない。保護者が，上の子どもも下の子どもと一緒に育児するとして，自発的に退園させるのならともかく，保護者や子どもの意に反して，合理的とはいえない解釈によって，強制的に退園させることはとうてい妥当ではなく，育児休業法（育児休業，介護休業等育児又は家族介護を行う労働者の福祉に関する法律）の趣旨にも反する。

しかも，この規定では，保護者が育児休業を取得した場合の上の子どもの保育所等の継続利用の必要性についての市町村長の裁量の余地が大きい。そのため，所沢市のように，提訴があっても，育休退園制度を変更せず，市長が替わってようやく強制的な育休退園が廃止されるまで，違法な強制的育休退園が8年半も継続することになったのである。

保育の必要性の要件を見直し，育児休業を取得した場合も，上の子どもが保育所等を利用している場合には「保育の必要性」が継続していることを確認する規定に改めるべきである。私見では，少なくとも，1歳以上の小学校就学前の子どもについては，保護者の就労や疾病などにかかわらず，子どもの発達保障の権利として保育利用の権利が保障されるべきと考える（終章3参照）。児童福祉法に，子どもの保育利用の権利（保育請求権）と国・自治体の保育施設整備義務を明記する法改正を行い，それにもとづき，国・自治体は，すべての希望者が入れるだけの保育施設を整備することが求められる。

あとがき

本書を脱稿した直後の2024年7月3日，旧優生保護法の下で不妊手術を強制されたのは憲法違反だとして，被害者らが国に損害賠償を求めた5件の訴訟の上告審で，最高裁大法廷は，旧優生保護法が「立法時点で違憲」だったとし，国に賠償を命じる判決を下した。旧優生保護法は「優生上の見地から，不良な子孫の出生を防止する」という目的で，戦後の1948年に議員立法として制定され（しかも全会一致であった），同法にもとづき，本人の同意なしに，もしくは欺罔等により障害のある人などに不妊手術が強制された。1960年代半ばには，障害のある子どもを「不幸な子ども」とし，「不幸な子どもが生まれない運動」という市民運動が各地に拡大，自治体間で不妊手術の数を競い合うことまでなされていた。不妊手術の数は，1955年に全国で1362件とピークに達したのち，批判が高まり減少したが，1992年まで続き，母体保護法となり不妊手術の条項が削除されたのは，ようやく，1996年になってからである。早期の和解，提訴していない（できていない）人も含め被害者全員（約2万5000人と推計されている）の救済を定めた救済法の制定，政治的な全面解決が求められる。

とはいえ，旧優生保護法に体現されていた優生思想は日本社会の底流に根強く残り続けている。それが「いのちの選別」という形で顕在化したのが，本書の第1章でも指摘したが，新型コロナウイルス感染症（COVID-19）のパンデミックのもとであった。感染拡大地域では，入院できる病床や医療従事者の不足で，多くの感染者が入院できず「自宅放置」となり，高齢者施設の高齢者や精神科病院の精神障害者は施設・病院に留め置かれ，必要な医療を受けることができないまま亡くなった（詳しくは，横山壽一・井上ひろみ・中村暁・松本隆浩『コロナ「留め置き死」』旬報社，2024年参照）。医療が提供されず，本来であれば救える命が救えない「医療崩壊」が生じ，高齢を理由に人工呼吸器の利用を拒否される，認知症や精神疾患のある患者の入院が対応困難との理由で忌避されるなど，とくに高齢者や障害者について入院治療の優先順位が低位に置かれる医療差別（優生思想にもとづく「いのちの選別」というべきか！）がさまざまな場面でみられたのである。
医療崩壊が現実化した背景には，歴代の自民党政権が続けてきた病床数の削減と医師数の抑制を中心とする医療費抑制政策がある。しかし，国（政府）は，そうした医療費抑制政策を転換することなく，コロナ禍でも病床を削減し続け，医療提供体制や検査体制の整備をしないまま，新型コロナの感染症法上の位置づけを，季節性インフルエンザと同等の5類感染症に引き下げた（2023年5月8日）。5類移行後は，マスコミでも，コロナ関連の報道は激減し，感染者数も死者数も，数カ月遅れての推計からの発表となり，正確な数は闇の中だ。ドイツなどヨーロッパ諸国では，コロナ政策の検証をきちんと行い，新型コロナの特性変化など科学的根拠に基づいて柔軟に政策を転換し対応してきた。これに対して，日本政府は，自宅放置死や留め置き死を引き起こした医療提供体制の不備，公衆衛生の脆弱さについて何の検証も行わず，抜本的な解決策も示さず，コロナ禍で起きたことは一時的な出来事として忘却のかなたに葬り去ろうとしている。そして，虚弱な高齢者や障害者がコロナで亡くなっても仕方がない，あるいは何人死のうが無関心という雰囲気が作り出されている。筆者は，こうした状況に戦慄を覚え，先の『コロナ「留め置き死」』の著者である研究者，医療・福祉関係者とともに，コロナ検証研究会を立ち上げた（2024年7月）。自宅放置死や施設「留め置き死」についての全国調査を行うとともに，国・自治体のコロナ政策を検証し，必要な提言を行っていく予定である。
遡れば，2016年7月，神奈川県相模原市の津久井やまゆり園で，重度の障害者19人が元施設職員の男に殺害されるという凄惨な事件が起きた（重軽傷も26人）。犯人の植松死刑囚（2020年3月の横浜地裁判決で確定）は「重度障害者は生きていても仕方ないので，安楽死させた方がよい」と供述している。アドルフ・ヒトラー率いるナチス党は，ユダヤ人の大量虐殺を実行に移す前に，「安楽死計画」と称し（当時の計画司令室があった番地の名称をとって「T4計画」ともいわれる），回復の見込みがないとされた知的障害者・精神障害者，重症疾患患者など20万人以上もの人を「生きるに値しない命」として，ガス室に送り込み殺害した。植松死刑囚の直接の殺害動機や事件の根底には，ナチスや旧優生保護法にみられるような優生思想があることは間違いない。そして，閉塞感漂う日本社会で，いままた優生思想が頭をもたげており，その克服が大きな課題となっている。

2017 年 12 月と 2018 年 3 月には，大阪市寝屋川市と兵庫県三田市で，相次いで，精神障害を患った子どもを，家族が自宅で長年にわたり監禁していた事件が発覚した。寝屋川市の事件では，監禁された長女は死亡している。障害のある子どもを抱えた家族の負担は依然として重く，出生前診断により，障害がある子どもが産まれると判明した段階で，大半の人が中絶している（多くは苦渋の決断であろうが）。障害のある子どもを育てることが，家族に過大な負担をかけることなく可能となり，親亡きあとも，その子が尊厳を保ち「健康で文化的な生活」を保障されるのであれば（子育て支援や社会保障が充実していれば），中絶という決断を下す人は激減するはずだ。そうはなっていない日本社会の現実がある。

一方，2024 年 8 月 14 日には，岸田首相が 9 月の自民党総裁選への不出馬を表明，自民党の裏金問題や旧統一教会問題は棚上げにしたまま，マスコミでは，自民党総裁選に向けて，ポスト岸田の候補者の話題でもちきりとなっている。本書が出版されるころには新総裁・新首相が決まっているだろうが，それがだれであれ，自民党政権が続く限り，日々の食事にも事欠き栄養状態が悪化している子どもなど困難を抱えている子どもを放置したまま，社会保障費を削減し，防衛費増にひた走る政策は変わらないだろう。国民の命を守るというのなら，軍拡ではなく，社会保障の充実にこそ多額の公費を投入すべきではないのか。

本書は，子どもの権利という観点から，社会保障の拡充とそのための財源確保の道筋を示そうとした試論である。本書の目的がどこまで達せられたかは，読者の判断を待つしかないが，本書が多くの人に読まれ，子育て支援を含む社会保障拡充に向けての，すべての子どもの権利と笑顔が保障される社会に向けての第一歩になってくれることを願っている。

最後に，本書の成立にあたっては，さまざまな形で多くの方々の助言や援助をいただいた。個々にお名前を挙げることはできないが，学習会の場などで，貴重な時間をさいて，お話を聞かせてくださった保育士や保護者の方々，ともに鹿児島市で署名活動にとりくんでいる「障害児通所支援利用者負担無料の継続を求める会」の保護者や事業者の方々に，この場をかりて改めて感謝申し上げたい。そして，信山社の稲葉文子さんには，急な企画の持ち込みによる出版を快く引き受けていただいたうえに，企画段階から校正に至るまで，大変お世話になった。厚くお礼を申し上げたい。

2024年8月

伊藤周平

■著者紹介

伊藤 周平（いとう・しゅうへい）

1960年生まれ。鹿児島大学法文学部教授。専攻は社会保障法。
東京大学大学院修了。労働省（現厚生労働省），社会保障研究所（現国立社会保障・人口問題研究所，法政大学助教授，九州大学助教授を経て，2004年より鹿児島大学法科大学院教授。2017年より現職。著書に『介護保険法と権利保障』（法律文化社，日本社会福祉学会学術賞受賞），『後期高齢者医療制度』（平凡社新書），『子ども・子育て支援法と保育のゆくえ』（かもがわ出版），『社会保障入門』，『消費税増税と社会保障改革』（以上，ちくま新書），『社会保障法──権利としての社会保障の再構築に向けて』（自治体研究社），『岐路に立つ日本の社会保障──ポスト・コロナに向けての法と政策』（日本評論社），『医療・公衆衛生の法と権利保障』（自治体研究社）など。

児童福祉・保育の法と権利保障

2024（令和6）年9月20日　第1版第1刷発行
3185 P228　¥2500E:012-010-002

著　者　伊藤周平
発行者　今井 貴　稲葉文子
発行所　株式会社　信山社
〒113-0033　東京都文京区本郷6-2-9-102
Tel 03-3818-1019　Fax 03-3818-0344
henshu@shinzansha.co.jp
笠間才木支店　〒309-1611　茨城県笠間市笠間515-3
Tel 0296-71-9081　Fax 0296-71-9082
笠間来栖支店　〒309-1625　茨城県笠間市来栖2345-1
Tel 0296-71-0215　Fax 0296-72-5410
出版契約 No.2024-3185-4-01011　Printed in Japan

印刷・製本／ワイズ書籍M・牧製本
ISBN978-4-7972-3185-4 C3332　分類328.800 児童福祉

待機児童ゼロ ― 保育利用の権利保育所の民営化
／田村和之・伊藤周平・木下秀雄・保育研究所

保育所の廃止／田村和之

保育六法(第3版)／田村和之 編集代表

子ども・子育て支援ハンドブック／田村和之・古畑淳 編

保育判例ハンドブック／田村和之・古畑淳

在外被爆者裁判／田村和之 編

東京予防接種禍訴訟　上・下／中平健吉・大野正男・
廣田富男・山川洋一郎・秋山幹男・河野敬 編

予防接種被害の救済 ― 国家賠償と損失補償
／秋山幹男・河野敬・小町谷育子 編著

水底を掬う ― 大川小学校津波被災事件に学ぶ
／河上正二・吉岡和弘・齋藤雅弘